북아메리카
남아메리카

유럽
아시아
아프리카
오세아니아

교과서 속 세계 문화 탐험 ②

고대 서양 문명의 중심지 그리스

교과서 속 세계 문화 탐험 ❷

고대 서양 문명의 중심지 그리스

1판 2쇄 발행 2022년 11월 10일

글쓴이 김경희
그린이 윤남선

편집 이정희
디자인 문지현

펴낸이 이경민
펴낸곳 ㈜동아엠앤비
출판등록 2014년 3월 28일(제25100-2014-000025호)
주소 (03737) 서울특별시 서대문구 충정로 35-17 인촌빌딩 1층
홈페이지 www.dongamnb.com
전화 (편집) 02-392-6901 (마케팅) 02-392-6900
팩스 02-392-6902
전자우편 damnb0401@naver.com
SNS

ISBN 979-11-6363-541-3 74810
979-11-6363-524-6 (세트)

교과서 속 세계 문화 탐험 ②

고대 서양 문명의 중심지 그리스

뭉치
MoongChi Books

작가의 말

쌍둥이 남매 '사고, 뭉치'와 함께 그리스로 스릴 넘치는 탐험 여행을 떠나 보세요!

그리스 신화를 읽어본 적 있나요? 신들의 왕인 제우스, 결혼과 가족을 관장하는 최고의 여신 헤라, 지혜의 여신 아테나, 삼지창을 든 바다와 물의 신 포세이돈, 지하 세계의 신 하데스, 사랑의 신 에로스, 불과 기술의 신인 헤파이스토스 등 한번쯤 들어봤을 만한 유명한 신들이 등장하는 그리스 신화는 지금까지도 전 세계 사람들에게 널리 읽히고 있지요.

그리스는 지중해에 있는 나라로 유럽의 남동쪽에 위치하고 있어요. 고대 서양 문명의 중심지로, 민주주의 정치를 실현한 아테네와 같은 최초의 도시 국가가 생겨난 곳이기도 해요. 그리스는 고대부터 문학과 과학, 건축, 예술 등 다양한 문화가 발달했는데 이는 서양의 문화에 많은 영향을 끼쳤어요.

그리스는 국토의 대부분이 산지이지만 삼면이 바다로 둘러싸여 있고 전체 국토 면적의 약 20%가 섬이에요. 그래서 그리스 사람들은 수천 년 전부터 바다와 섬을 누비며 살았어요. 전성기 때에는 에게해와 동부 지중해, 흑해 연안 등에 많은 식민지를 만들었지요. 그리스인들은 가는 곳마다 포도나무와 올리브나무를 심고 신전을 세웠어요. 아테네에 있는 아크로폴리스와 파르테논 신전을 보면 그리스 문화의 황금기를 엿볼 수 있답니다. 또한 그리스는 기원전 776년부터 개최되었던 고대 올림픽의 발상지이기도 해요.

이 책은 쌍둥이 남매인 사고와 뭉치가 사촌 동생 준이를 잡아가는 마녀를 따라 고대 그리스로 떠나는 시간 여행 이야기랍니다. 사고와 뭉치는 그리스 신화에 나오는 무시무시한 요괴들을 만나게 되고 준이를 구하기 위한 스릴 넘치는 모험을 하면서 자연스럽게 그리스의 찬란한 문화와 역사를 배우게 되지요.

자, 그럼 사고뭉치 남매와 함께 그리스로 문화 탐험 여행을 떠나 볼까요?

세계 역사와 문화에 꿈을 담는 이야기꾼

김경희

차례

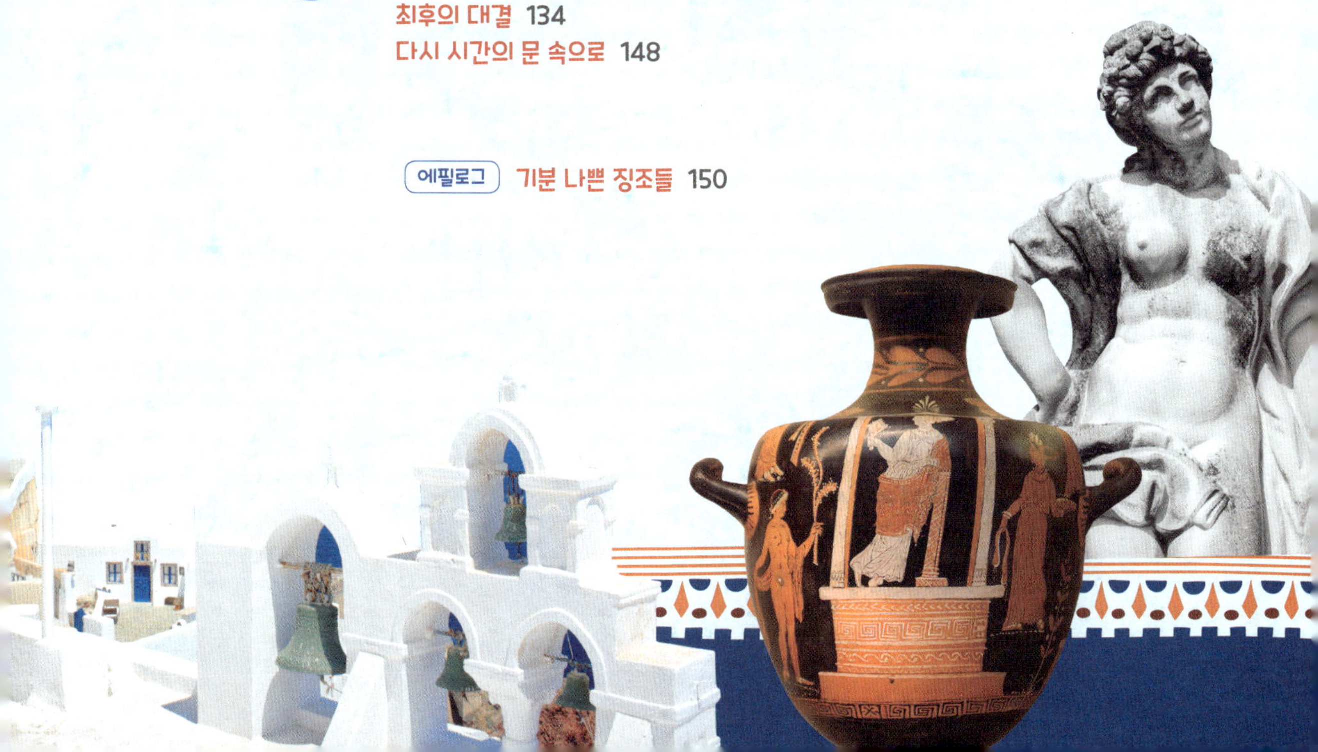

등장 인물

뭉치

쌍둥이 남매 중 오빠. 준이와 사고가 눈앞에서 마녀에게 잡혀가는 걸 보고 가이아의 도움을 받아 고대 그리스로 가게 된다. 아는 것도 없고 가진 것도 없지만 눈치 하나로 문제를 해결해 나간다.

사고

쌍둥이 남매 중 여동생. 준이를 잡아가는 마녀의 옷자락을 잡고 있다가 시간의 터널로 빠지게 된다.

준이

다섯 살. 쌍둥이의 사촌 동생. 박물관에서 사고를 치는 바람에 마녀에게 잡혀간다.

가이아

그리스 신화 속 만물의 어머니. 베풀기를 좋아하는 성격으로 그리스로 시간 여행을 하게 된 쌍둥이를 몰래 돕는다.

세이렌

얼굴은 사람이고, 몸은 새의 모습을 한 요괴. 어떤 사건으로 한꺼번에 가족들을 잃은 뒤 그들을 살리기 위해 신의 보물을 찾는다.

고르곤 자매

머리카락이 실뱀으로 이루어진 요괴들. 겉으로는 무뚝뚝해도 마음이 여려 어려운 사람을 그냥 지나치지 못한다.

한낮의 악몽
예상치 못한 일은 종종 나를 놀라게 해. 그날도 그랬지.
의류 수거함
팟
앗
아르릉
콱
그러면 안 돼~
의류 수거함
왈 왈
고놈, 성깔 한번 찰지네!
죄송합니다~ 우리 강아지가 원래 순한 앤데…….
괘, 괜찮아요.

쩝! 완전
너덜너덜해졌구먼!
케첩 얼룩만 지우면
새 운동화인데,
아유, 아까워라!
케첩 얼룩이라는 말에 놀라 보니 글쎄,
내가 버린 무진이의 운동화였지 뭐야?
맙소사! 저건 내가
버린 운동화였잖아!
앗, 그런데 그때 동네 강아지들이 행진을 하며
내 앞을 지나갔어. 순간 나도 모르게 강아지들을
뒤따라가게 되었지.
크크, 강아지들 뭐야?
앗, 저건 미용실 강아지
같은데!
동네 개들
반상회라도 하나?
하나 둘, 하나 둘!
어이, 꼬마! 왜 우릴
따라 하는 거야?
헐! 개가 말을 해!

그러자 개들이 한꺼번에 고개를 돌려 나를 노려보지 뭐야?
아르릉…
무섭게 왜 그래?
나는 우리 집 가던 중이야! 너희들이
웃겨서 그러는 거 절대 아니라고.
읍! 왜 마음속 말이
튀어나오지?
읍
뭐야? 지금 우리가
우습다는 거야?
대장!
이 녀석이 우리를
무시해요!
그때였어. 개들 사이로 머리가 셋 달린
시꺼먼 개가 나타났어.
무슨 일이야?
누가 뭘 어쨌다고?
또야 -
엄마야, 저건
또 무슨 괴물이냐?
크르르…
너 뭉치 맞지?
안 그래도 너를 찾아가던
길이었는데 잘됐네.
나를 아니?

물론이지! 어서 나랑
지옥으로 가자!
까딱하다간 지옥으로 끌려가게 생겼지 뭐야?
지, 지옥? 싫어!
싫다고? 그럼 강제로
데려갈 수밖에!
케르베로스의 머리 셋이 침을 질질 흘리며 동시에 입을 벌렸어.
놀란 나는 줄행랑을 쳤어.
얘들아, 뭉치를 잡아!
뭉치를 잡아라!
왈 왈
하지만 나는 금세 잡히고 말았어.
데굴
으악!
사람 살려!

1장

마녀에게 끌려간 사촌 동생 준이

으앗, 유령이다!

누군가 나를 흔들어 깨웠어. 살그머니 눈을 떠보니 유령 가면을 쓴 꼬마 괴물이 나를 내려다보고 있지 뭐야?

"으앗! 유령이다!"

놀란 나는 비명을 질렀고 곧 사고가 내 방으로 후다닥 뛰어 들어왔어.

"놀랐잖아! 이 겁쟁이 오빠야, 얜 유령이 아니야!"

사고가 이렇게 말하며 유령 가면을 휙 벗겼어. 그러자 귀여운 얼굴이 나타났지. 바로 내 사촌 동생 준이였어.

"주, 준이? 언제 온 거야?"

"방금 전에 왔어. 이모가 갑자기 바빠져서 며칠만 준이를 우리 집에서 데리고 있어 달래."

나는 한숨을 푹 쉬었어.

준이는 한시도 가만있지 않고 사고를 치는 개구쟁이야. 게다가 하루 종일 내 뒤만 졸졸 따라다니며 귀찮게 하는 꼬맹이거든.

준이가 헤벌쭉 웃으며 로봇 강아지를 내게 쑥 내밀었어. 갑자기 온몸에 소름이 쫙 돋았어. 얼룩덜룩한 사납게 생긴 로봇 강아지를 본 순간, 방금 전에 꿈속에서 만난 괴물 개 케르베로스가 떠올랐기 때문이야.

케르베로스는 하데스의 지하 세계를 지키는 머리가 셋 달린 괴물 개야. 저승의 문을 지키며 지하 세계로 들어온 영혼을 나가지 못하게 감시한대.

"기분 나쁜 꿈을 꾼 날은 꼭 안 좋은 일이 생기던데, 하필 준이까지 와 있냐?"

나는 작은 목소리로 투덜거렸어.

그날 나는 하루 종일 준이와 놀아 주어야 했어. 어린애와 같이 노는 일은 정말 재미없었지만 준이가 나만 쫓아다니니 어쩔 수 없었지.

준이는 에너지가 넘치는 아이였어. 장난감 가지고 놀다가 금세 싫증을 내면서 축구를 하자고 했고 또 축구를 하면 게임을 하자고 했지. 아무튼 준이 때문에 쩔쩔매고 있을 때 이모에게서 전화가 왔어.

내가 준이 때문에 힘든 걸 아는 듯 맛있는 걸 사 준다고 박물관으로 오라고 하더라고. 이모가 근무하는 박물관은 우리 집에서 10분 거리에 있었어. 나는 사고와 함께 준이를 데리고 박물관으로 갔어.

박물관 입구에서 이모가 우리를 기다리고 있었지.

그리스 신 이야기

하데스는 누구?

하데스는 제우스의 형이자, 지하 세계를 다스리는 왕이에요. 원래 제우스의 형이었는데, 아버지인 크로노스의 배 속에서 나올 때, 순서가 바뀌어 동생이 되었어요. 그리고 제우스의 형제들이 어떤 곳을 다스릴지 제비뽑기로 결정할 때, 운이 없게도 지하 세계를 뽑아 죽은 자들의 신이 되어 지하 궁전에 살게 되었답니다.

"얘들아, 한 시간만 전시회 구경하고 있을래? 이모 남은 일 좀 마무리하고 나올게."

"전시회요?"

"그래! 너희들 그리스 신화 좋아하지? 오늘부터 별관에서 그리스 유물 전시회가 열리고 있어."

이모는 우리에게 전시회 안내 책자를 주었어. 책자에는 그리스 신들의 모습과 함께 간단한 이야기가 적혀 있었지.

엉망진창 전시회

우리는 곧장 전시회가 열리는 별관으로 갔어. 그곳에는 그리스 신화에 나오는 여러 신들의 조각상과 그림들이 전시되어 있었어.

준이가 조각상을 보자 질문을 퍼붓기 시작했어.

"형! 이 아저씨는 왜 포도를 들고 있어?"

"이 아저씨는 술의 신인 디오니소스인데, 처음으로 포도를 기르고 즙을 짜서 포도주를 만들었거든. 그래서 포도를 들고 다녀."

내 대답에 사고가 눈을 동그랗게 뜨고 빈정거리는 표정으로 입을 삐죽이며 중얼거렸어.

"와우, 웬일이야? 오빠가 그런 걸 다 알고!"

사고의 말에 나는 코웃음을 쳤지.

"이 정도 가지고 뭘! 궁금한 거 있음 다 물어봐!"

나는 오랜만에 잘난 척을 했어.

준이는 보이는 조각상마다 신기한듯이 이런저런 질문을 퍼부어 댔어. 나는 준이의 질문에 자신 있게 대답을 해 줬지.

아무 말이나 내뱉은 건 아니냐고? 천만에! 요즘에는 휴대폰으로 뭐든 검색만 하면 모든 정보가 나오잖아. 사실 솔직히 말하면 준이가 질문할 때마다 인터넷 정보에서 도움을 좀 받았어. 그런데 이게 나중에 내게 큰 도움이 될 줄은 몰랐지.

한동안 준이는 얌전하게 우리를 따라다녔어. 하지만 곧 내게 위기의 순간이 오고 말았어. 준이가 갑자기 엉뚱한 질문을 했기 때문이야.

"형, 이 사람들은 왜 벌거벗고 있어?"

조각상을 보던 준이가 사람들도 많은 곳에서 내게 물었어. 순간 나는 준이의 질문에 뭐라고 답을 해야 할지 몰라 머뭇거렸어. 사람들이 키득거리며 나를 쳐다보았지.

내 옆에 있던 외국인 중년 부부가 인자한 미소를 지은 채 준이를 바라보았어. 사람들의 시선이 한꺼번에 내게 쏠리자 나는 창피함을 느꼈어. 준이의 질문에 아무 대답이나 하자니 준이가 꼬리에 꼬리를 물고 계속 난감한 질문을 할 것 같았어.

"그건 나도 모르지! 나도 그때 안 살아 봤거든!"

내 말에 준이는 깜짝 놀라는 표정을 짓더니 더 이상 질문을 하지 않았어. 다행이었어. 심심해진 준이는 이제 조각상을 만지려고 했어.

"준이야, 만지면 안 돼!"

"왜 안 돼? 만져 보고 싶단 말이야."

"만지면 저 아저씨들한테 혼나!"

사고가 우락부락하게 생긴 커다란 조각상을 가리키며 말했어.

"피! 누나는 거짓말쟁이야. 저 아저씨는 움직이지 못하잖아!"

준이가 눈을 흘기며 전시실 한쪽 공간으로 부리나케 달려갔어.

출입구에 '관계자 외 출입금지'라는 노란 테이프가 쳐져 있었지만 준이는 아랑곳하지 않고 안으로 쑥 들어가 버렸어.

나와 사고는 다급하게 준이를 따라 안으로 들어갔어.

준이는 넋을 잃고 어떤 조각상을 올려다보고 있었어. 사자의 몸통에 독수리의 날개와 부리를 가진 괴물 새의 조각상이었어.

"형, 누나! 이 새 이름은 뭐야?"

"이건 그리핀이라는 요괴야. 무섭지? 그러니까 얼른 누나랑 밖으로 나가자!"

사고가 준이의 손을 잡아끌었어. 그런데 그때 준이가 사고의 손을 잽싸게 뿌리치더니 발돋움을 하며 그리핀의 날개를 잡아채고 말았어.

순간 조각상이 기우뚱하며 앞으로 넘어져 버렸어. 그리핀의 날개에서 황금색 공이 도르르 바닥으로 떨어졌고 준이가 잽싸게 공을 주워 들었어.

그때였어. 얼굴은 예쁜 여자의 모습인데 몸은 독수리인 마녀가 만화 영화 속에서 막 튀어나온 것 같은 모습으로 준이 앞에 나타났어.

"꼬마야, 그 공은 내 거란다. 이리 주렴."

"싫어! 이건 내 거야!"

준이가 한사코 황금 공을 빼앗기지 않으려고 버티자 마녀가 준이를 번쩍 안았어.

"할 수 없군! 아가야, 넌 나랑 같이 가야겠다!"

마녀가 이렇게 말하며 알 수 없는 주문을 외웠어. 그러자 검은 연기와 함께 바닥에 블랙홀이 생겨났지. 마녀는 준이를 안은 채 한 치의 망설임도 없이 블랙홀로 뛰어들었어.

"안 돼! 내 동생 데려가지 마!"

어느 틈에 사고가 마녀에게 달려들었고 그대로 셋이 한꺼번에 블랙홀 속으로 빨려 들어가 버렸어. 눈 깜짝할 사이의 일이었지.

어느새 블랙홀이 닫히기 시작했어.

"세상에! 이건 또 뭔 일이냐!"

나는 이러지도 저러지도 못한 채 발을 동동 구르며 소리쳤어.

"도와주세요! 마녀가 동생들을 데려갔어요!"

그때 중년의 외국인 부부가 내 앞에 나타났어.

"얘야, 우리가 도와주마! 나만 믿으렴."

부인이 내 손을 잡아 주었어. 부인에게서 거부할 수 없는 힘이 느껴졌지.

"여보! 어서 시간의 문을 붙잡아요!"

부인이 남편에게 말했어. 남편은 고개를 끄덕이더니 거의 닫혀 버린 블랙홀의 문을 양팔로 붙잡아 벌리기 시작했어.

"가이아! 시간이 얼마 없어요!"

남편이 부인에게 말했어.

미스터리 요괴 이야기

그리핀은 보물을 지키는 괴수이다?

그리핀은 사자의 몸통에 독수리의 날개와 부리를 지닌 상상의 동물이에요. 그리스 신화에서는 리파이오스 산에서 신들의 보물이나 황금을 지키는 요괴로 나와요. 또한 그리핀은 유니콘이나 히포그리프, 페가수스 같은 말을 잡아먹고 사는 사나운 요괴랍니다.

"얘야! 동생을 구하고 싶거든 어서 시간의 문 속으로 뛰어들어라."

"이게 시간의 문이에요?"

"그래. 어서! 시간이 없어!"

부인이 내게 재촉을 했어.

나는 눈을 꼭 감은 채 시간의 문 속으로 뛰어들었어. 그러자 마치 구불텅한 미끄럼틀을 탄 것처럼 '슝' 하고 한참을 돌고 돌아 미끄러져 내려갔어.

그리스 한눈에 알아보기

그리스는 어떤 나라일까?

그리스는 유럽 남동부 발칸반도에 위치한 작은 나라예요. 그래서 유럽과 지중해의 특성을 모두 가지고 있어요. 그리스인들은 자신들의 조상을 제우스의 홍수에서 살아남은 헬렌이라고 여겼어요. 그래서 그리스를 '헬라스(엘라스)'라고 하고, 자신들은 '헬레네스(엘리네스)'라고 부른답니다.

- **수도** 아테나
- **면적** 1,319만 6천㎢
- **인구** 약 1070만 명(2020년 그리스 통계청 기준)
- **화폐** 유로(EUR)
- **언어** 그리스어
- **종교** 그리스 정교(국교)
- **가장 높은 산** 올림포스산 2,918m

유로 화폐

2장

또다시 시작된 모험

가이아 여신을 만나다

잠시 후 차가운 기운에 정신이 든 나는 눈을 떴어.

가장 먼저 눈에 들어온 것은 넓은 하늘을 받치고 있는 하얀 대리석 기둥들이었어. 주위를 두리번거리던 내게 박물관에서 만났던 중년 부인이 다가왔어. 그런데 마치 여신 같은 옷차림을 하고 있더라고.

"이제 정신이 들었니?"

"네. 여긴 어디예요?"

"이곳은 올림포스산에 있는 신들의 궁전이란다."

"맙소사! 올림포스산이라면 여기가 그리스라는 말인가요?"

"그렇단다. 그런데 여긴 네가 사는 현대가 아니라 고대 그리스란다."

"고대 그리스라고요? 제가 어떻게 고대 그리스로 오게 된 거예요?"

"세이렌이 연 시간의 문이 과거로 가는 문이었어. 그래서 너도 고대로 오게 된 것이지."

중년 부인의 이야기를 듣는 동안 좀 전의 일들이 모두 기억났어.

“혹시 제 동생들을 데려간 마녀의 이름이 세이렌인가요?”

“맞아. 바로 바다 마녀 세이렌이란다.”

부인의 말을 듣는 순간 곧 나는 세이렌이라는 마녀가 누구인지 생각해 냈지.

세이렌은 그리스 신화에 나오는 마녀야. 아름다운 노래로 뱃사람을 유혹하여 바다로 뛰어들게 만들었다는 유명한 마녀이지.

위급한 일이 일어났을 때 귀가 아플 정도로 요란하게 울리는 사이렌 소리를 들은 적 있지? 이 '사이렌'이라는 말이 바로 세이렌 마녀의 이름을 따서 붙인 거래.

그런데 문득 의문점이 생기지 뭐야? 도대체 내 앞에 있는 이 부인은 어떻게 마녀를 아는 걸까?

"당신은 누구죠? 왜 세이렌도 아줌마도 박물관에 있었던 거죠?"

"신들의 보물을 찾기 위해서란다."

"신들의 보물이 뭔데요?"

"아주 먼 옛날 올림포스의 신들 사이에 자기 세력을 넓히려는 큰 전쟁이 벌어졌단다. 그 전쟁으로 올림포스의 신들은 모두 시련을 겪었지. 그 뒤 신들의 전쟁은 제우스의 승리로 끝이 났어. 그렇게 올림포스에 잠시 평화가 찾아왔지. 하지만 언제 어느 때 또 누가 욕심을 부려 전쟁을 벌일지 알 수 없었어. 그래서 신들은 올림포스에 평화가 계속되기를 비는 마음으로 올림포스 12신의 넘치는 능력을 모아 한 보물 안에 봉인해 두었단다."

"아, 그렇군요! 그런데 신들의 보물을 왜 우리나라까지 와서 찾으신 거예요?"

"사실은 얼마 전에 신들의 보물이 감쪽같이 사라지고 말았단다. 봉인된 신들의 힘을 누군가 차지하면 신들의 평화뿐만 아니라 인간들의 평화마저 깨어지게 돼. 그래서 나와 내 남편이 몰래 신들의 보물을 찾아다녔지. 그리고 얼마 전 신들의 보물이 그리스 유물인 어떤 조각상 안에 숨겨져 있다는 첩보를 들었어. 그런데 세이렌이 먼저 움직일 줄은 몰랐구나."

"그런데, 보물을 찾으러 온 세이렌이 왜 제 동생들을 데려간 거죠? 설마 제 동생들을 잡아먹으려고 데려갔나요?"

"그건 아니란다. 나도 왜 세이렌이 네 사촌 동생을 데려갔는지 정확하게는 몰라. 하지만 만약 네 사촌 동생이 신들의 보물을 맨 처음 발견했다면 그 보물의 주인은 네 동생이 돼. 그 보물을 네 동생이 포기해야 다른 사람이 가질 수 있지. 그래서 아마 세이렌이 보물을 차지하기 위해 네 동생을 데려갔을 거라는 생각이 든다."

"준이는 그런 거 가지고 있지 않아요. 제가 하루 종일 같이 있었기 때문에 잘 알아요."

"잘 생각해 보렴. 아까 보니 그린핀 조각상이 넘어져 있던데 혹시 그 안에서 신들의 보물이 튕겨져 나온 걸 보지 못했니?"

"아, 그러고 보니 준이가 황금색 공을 가지고 있었던 것 같아요."

"황금색 공이라고? 맙소사! 그게 바로 신들의 보물이야. 그리고 나는 그리스 신들의 어머니 가이아란다."

"정말이세요? 신이시라면 제 동생들을 찾을 수 있는 방법도 아시겠네요?"

"물론이지!"

"그럼 저 좀 도와주세요."

"미안하구나! 신들은 인간의 일에 직접 관여를 해서는 안 된단다."

"네? 그런 무책임한 말이 어딨어요? 저를 여기까지 데리고 오셨잖아요?"

미스터리 요괴 이야기

유혹에 실패하면 죽는 요괴?

세이렌은 반은 여자이고 반은 새인 바다의 마녀예요. 바닷가 외딴 섬에 살면서 아름다운 노래를 불러 근처를 지나는 배의 선원들을 물에 빠져 죽게 하거나 잡아먹었다고 해요. 하지만 그리스 신화의 영웅 오디세우스를 유혹하는 데 실패했어요. 너무 화가 난 세이렌은 그 뒤 바다에 뛰어들어 스스로 목숨을 끊었답니다.

"네가 도와달라고 말하지 않았니? 난 네게 기회를 주고 싶었을 뿐이야. 넌 충분히 할 수 있단다. 지금 당장 델포이 신전으로 가서 신탁을 받으렴. 예언의 신인 아폴론이 네 동생들이 있는 곳을 알려 줄 거야."

가이아가 이렇게 말하며 공중을 향해 손짓을 했어. 그러자 독수리 한 마리가 우리 앞으로 날아왔어.

독수리는 땅바닥에 사뿐히 내려앉더니 가이아에게 공손하게 절을 했어.

"이 아이를 아폴론 신전으로 데려다주렴."

그리스 신 이야기

가이아는 누구?

가이아는 만물의 어머니이자 신들의 어머니로, 세상에서 처음으로 이름을 갖게 된 여신이에요. 가이아는 혼돈의 신 '카오스'로부터 태어나 수많은 위대한 신들을 낳았다고 해요.

가이아의 말에 독수리가 땅바닥에 납작 엎드렸어. 그러자 가이아가 나를 번쩍 안아 독수리 등 위에 태웠지.

나를 태운 독수리가 공중으로 날아올랐어. 하늘에서 보니 옹기종기 모여 있는 그리스의 집들이 하얀 점처럼 보였어. 독수리는 나를 태운 채 한참 동안을 멀리멀리 날아갔어.

나는 눈을 크게 뜨고 아래를 살펴보았지만, 도통 어디가 어딘지 알 수가 없었지.

그리스, 한눈에 알아보기

고대 그리스의 역사와 문명

그리스 신화는 오랜 옛날부터 입에서 입으로 전해 내려오던 이야기인데, 상상인 줄만 알았던 이야기들이 역사를 바탕으로 이루어졌다는 사실이 하인리히 슐리만(1822~1890)과 아서 에번스(1851~1941)라는 고고학자들에 의해 밝혀졌어요.

독일에서 태어난 슐리만은 호메로스의 문학 작품인 〈일리아드〉 속 신화를 진실이라고 믿고 그 흔적을 찾아다녔어요. 그 결과 트로이 문명을 발굴하고 이어 미케네 문명까지 발굴했어요. 그리고 영국의 고고학자인 아서 에번스는 크레타섬에서 크레타 문명을 발굴했어요.

트로이 문명과 미케네 문명

트로이 문명은 기원전 4,000년 말부터 형성된 문명으로, 슐리만에 의해 트로이의 유물이 발굴되면서 알려졌어요. 미케네 문명은 기원전 1700년부터 1100년경까지 미케네 지방에서 자리 잡은 문명으로 그들만의 독특한 청동기 문화를 이어 갔어요. 하지만 도리스인의 침략으로 멸망하면서 역사 속으로 사라졌어요.

B.C.1600년경
미케네 문명 시작

B.C.1200년경
트로이 전쟁,
미케네 문명 몰락

크레타 문명

기원전 2000년경 크레타섬에서 발달한 그리스 청동기 시대의 고대 문명이에요. 크레타섬의 전설적인 왕, 미노스의 이름을 따서 '미노스 문명' 또는 '미노아 문명'이라고도 불러요. 크노소스를 비롯한 여러 곳에 궁전을 지었고 도자기나 금속으로 만든 그릇, 조각과 그림 등이 성행했어요. 지중해 동쪽의 가운데 위치하여 이집트 등 오리엔트 세계와 교류가 많았다고 해요.

크노소스 궁전에 있는 돌고래 프레스코 벽화

고대 민주주의의 시작, 아테나

고대 그리스는 폴리스라는 도시 국가들이 발달했는데, 아테나라는 도시 국가에서는 전 시민이 모여 나라 일을 결정했어요. 이것이 바로 민주주의의 시초예요. 민주주의란 나라의 주인이 국민이고 국민들이 대표를 뽑아 나라를 다스리게 하는 제도를 말해요. 하지만 아테나에서 처음부터 민주주의 제도를 시행한 것은 아니었어요. 귀족들이 권력을 잡으면서 독재자가 나타나자, 매년 시민들은 민회를 열어 독재자가 될 가능성이 있는 사람을 뽑아 추방했는데, 이것이 민주주의의 시작이 되었지요.

B.C.800년경
도시국가 폴리스 생겨남.

B.C.500년경
트로이 전쟁, 미케네 문명 몰락

B.C.337년경
마케도니아의 그리스 정복

3장

신탁을 받으러 델포이 신전으로

괴물이 낸 수수께끼

잠시 후, 독수리는 델포이 신전 앞에 나를 내려 주고는 쏜살같이 날아가 버렸어.

신전 앞에는 신탁을 받으려는 사람들이 삼삼오오 모여 서 있었어. 나도 재빨리 사람들 뒤에 줄을 섰어.

그때 갑자기 사람들이 웅성거리기 시작했어.

"피티아 님이시다!"

"아저씨, 피티아가 누구예요?"

앞사람에게 내가 살며시 물었지.

"피티아는 아폴론 신에게 신탁을 받는 여사제란다."

여사제라니! 어떻게 생겼을까? 궁금한 마음에 나는 피티아를 보기 위해 까치발을 했어. 그런데 하필 그때 신전 관리인이랑 딱 눈이 마주쳤지 뭐야. 관리인은 키가 2미터가 훨씬 넘는 거인이었어.

"어이, 거기 이상한 옷 입은 꼬마! 봉헌물은 바쳤니?"

신전 관리인이 나를 향해 소리쳤어.

“저, 저요?”

“그래! 너! 여기 꼬마가 너밖에 더 있니?”

거인 관리인의 말에 난감해하고 있을 때, 내 앞에 서 있던 병사가 고개를 돌려 나를 바라보았어.

“신탁을 받으려면 먼저 선물을 바쳐야 한단다. 저기 저 사람들 보렴. 조각품이나 귀한 보물을 가지고 서 있잖아.”

“아, 봉헌물이 선물이로군요! 꼭 선물을 내놓아야 신탁을 받을 수 있나요? 지금은 가진 게 하나도 없는데.”

내 말이 채 끝나기도 전에 거인 관리인이 내 옆으로 다가왔어. 그리고는 다짜고짜 내 목덜미를 움켜잡았어.

"공짜로 신탁을 받으려 하다니! 봉헌물이 없으면 저리 꺼져!"

관리인이 이렇게 말하며 나를 번쩍 들더니 풀밭으로 던져 버렸어. 나는 그대로 바닥에 구르고 말았지.

"아야! 아이고, 엉덩이야!"

그때 누군가 내게 손을 내밀었어. 나는 그 손을 잡고 자리에서 일어났어. 앗, 그런데 내게 손을 내민 것은 사람이 아니었어. 반은 사람의 모습에 반은 동물의 모습을 한 괴물이었어.

"으악! 괴물이다!"

놀란 나는 재빨리 괴물의 손, 아니 괴물의 발을 뿌리쳤지.

"호호호! 꼬마야, 놀라지 마라! 너를 도와주고 싶었을 뿐이야!"

괴물은 아름다운 여자의 얼굴을 하고 있었어.

"나를 도와준다고요? 그러면 신탁을 받게 해 주실 수도 있나요?"

"신탁을 받고 싶으냐?"

"네! 신탁을 받아야 제 동생들을 찾을 수 있는데 선물을 안 가지고 왔다고 쫓겨났어요."

"오호! 그랬었구나! 내가 신전 안에 들어가게 해 줄까?"

"정말요? 선물 같은 걸 바치지 않아도 들어갈 수 있나요?"

“물론이지! 나만 아는 입구가 있단다. 대신 너는 내가 내는 수수께끼를 맞혀야 해. 그러면 내가 신탁을 받을 수 있게 해 주마.”

순간, 이 상황이 어쩐지 익숙한 것 같은 느낌이 들었어.

이렇게 생긴 괴물은 태어나서 처음 보는데 내가 이런 상황을 겪었을 리가 없잖아. 그래서 나는 고개를 갸웃거리며 괴물의 얼굴을 바라보았어. 자세히 보니 괴물은 얼굴은 여인인데, 몸은 날개 달린 사자의 모습을 하고 있었어. 반은 여자, 반은 사자. 그리고 수수께끼. 맙소사! 생각났어. 신화에 나오는 오이디푸스와 스핑크스 이야기 말이야.

“혹시 당신이 수수께끼를 맞히지 못하면 잡아먹는다는 스핑크스인가요?”

“오호! 내 소문을 들은 모양이구나!”

괴물의 말에 퍼뜩 나는 정신이 들었어. 만약 수수께끼를 맞히지 못하면 내가 괴물에게 잡아먹힐지도 모른다니 온몸에 소름이 쫙 돋았지.

잠시 괴물과 나 사이에 미묘한 긴장감이 맴돌았어.

괴물이 먼저 입을 열었어.

“너를 잡아먹을까 봐 겁나니? 크크, 그러니까 수수께끼를 잘 풀어야겠지? 그리고 말야, 아폴론 신전의 피티아는 3월부터 10월까지 9개월만 신탁을 내린단다. 오늘이 10월의 마지막 날이니까 오늘 신탁을 받지 못하면 만 4개월을 기다려야 한다는 말이지.”

정말 난감했어. 이럴 때 사고가 같이 있었으면 얼마나 좋을까? 사고는 아는 게 많으니까 스핑크스가 내는 수수께끼쯤은 쉽게 알아맞힐 텐데. 하지만 지금 나는 혼자였어. 그리고 지금 내게는 다른 길이 없었어. 오늘 신탁을 받지 못하면 내 동생들을 영영 찾지 못할지도 몰라. 그리고 나와 내 동생들은 영원히 고대 그리스에서 살아야 될지도 모르지. 그래! '호랑이에게 물려 가도 정신만 차리면 산다.'고 하잖아? 그래서 나는 이 상황을 지혜롭게 헤쳐 나갈 방법을 궁리했어.

"좋아요! 수수께끼를 풀게요. 대신 게임 룰은 제가 정하게 해 주세요."

"그러지 뭐! 요즘 내 수수께끼를 풀려는 사람이 없어서 재미가 없었는데 그 정도는 들어줄 수 있어. 그래, 게임 룰이 무엇이지?"

괴물이 신이 난 목소리로 물었어.

"게임 룰은 3판 2승제로 해요!"

"좋아!"

괴물이 음흉스럽게 웃었어.

"자, 그럼 첫 번째 문제다. 아침에는 네 다리로, 낮에는 두 다리로, 밤에는 세 다리로 걷는 짐승이 무엇이냐?"

스핑크스의 질문에 내 몸의 긴장이 한꺼번에 풀려 버렸어. 이렇게 쉬운 걸 낼 줄 몰랐거든.

"정답은 '사람'입니다."

내 대답에 스핑크스가 놀란 표정을 지었어.

"왜 사람이지?"

"사람은 어렸을 때 두 팔과 두 다리로 기어 다니거든요. 그러니까 어렸을 때는 네 다리로 걷고, 자라서는 두 발로 걷고, 늙어서는 지팡이를 짚으니까 세 다리로 걷지요."

"첫 번째 수수께끼는 정답이다! 다음 두 번째 문제다. 아크로폴리스에는 세 개의 신전이 있는데 그 신전의 이름이 무엇이냐?"

두 번째 문제는 나한테는 너무 어려운 문제였어. 아크로폴리스에 있는 신전을 내가 어떻게 알겠어? 결국 틀리고 말았어.

문제를 틀린 나는 겁에 질려 입을 꾹 다물고 말았어. 괴물이 세 번째

문제를 내려고 하자 긴장감에 온몸이 후들후들 떨렸어. 그런 내 모습이 우스웠는지 괴물이 활짝 웃으며 문제를 냈어.

"마지막 세 번째 문제를 낼 테니 잘 들어. 사람이 평생 동안 가장 많이 내는 소리는 무엇일까?"

세 번째 문제를 듣는 순간, 나도 모르게 빙긋 웃음이 나왔어.

"답은 '숨소리'예요."

"우아, 그걸 어떻게 알았니? 지금까지 이 수수께끼를 맞힌 사람은 한 명도 없었는데."

괴물이 어깨를 으쓱이며 못내 아쉬운 듯 나를 바라보았지.

"약속대로 저를 신전 안으로 데려다주세요!"

그리스 신전 이야기

아크로폴리스와 세 신전

아크로폴리스(Acropolis)란 도시 국가인 폴리스에 있는 높은 언덕을 가리키는 말로, 아테나의 아크로폴리스에는 에레크테이온 신전과 파르테논 신전, 니케 신전이 있어요. 에레크테이온 신전은 고대 아테나의 전설적 영웅인 에레크테우스의 이름을 따서 지었어요. 파르테논 신전은 그리스 고대 아테나의 수호자로 여겨지던 아테나 여신에게 바쳐진 신전이에요. 대리석을 주재료로 지었고, 현재까지 전해지는 고대 그리스 건축물 가운데 아름답기로 손꼽히며 가장 유명한 유적지 중 하나예요.

니케 신전은 아테나 여신을 모시던 신전이에요. 니케는 그리스어로 '승리'를 뜻하고, 지혜의 여신 아테나는 '아테나 니케(Athena Nike)'라는 이름으로 숭배되었어요.

내가 당당하게 소리쳤어.

"쩝! 약속은 약속이니까 데려다줘야겠지. 내 등 위로 올라타라."

괴물이 내게 등을 내밀었어. 나는 괴물의 등에 올라탔지.

괴물이 풀썩 신전 지붕 위로 뛰어 올라갔어. 그러고는 작은 굴뚝을 통해 안으로 들어갔어.

"피티아! 옛날에 나한테 빚진 거 잊지 않았겠지?"

괴물의 말에 피티아가 놀라 눈을 크게 떴어.

"빚진 거 갚는 셈 치고 이 꼬마에게 신탁 좀 내려 줘!"

괴물이 이렇게 말하고 굴뚝으로 쑥 올라가 버렸어.

"꼬마야, 뭐가 알고 싶은지 말하렴."

피티아가 부드러운 목소리로 내게 물었어.

"제 사촌 동생 준이와 여동생 사고가 어디에 있는지 알고 싶어요."

내 말이 끝나자마자 피티아가 신을 부르는 의식을 하기 시작했어.

피티아의 발밑에서 하얀 연기가 뿜어져 나왔지.

잠시 후, 피티아가 입을 열었어.

"네 동생들은 지금 크레타섬에 있어! 동생들을 구하고 싶으면 아테나의 무기를 구해 가렴."

"아테나의 무기는 어디에 있는데요?"

"파르테논 신전에 있단다."

말을 마친 피티아가 내게 그만 나가라는 손짓을 했어.

나는 더 물어보지도 못하고 그대로 밖으로 나왔지. 태어나서 처음으로 와 본 그리스인데 어디에 파르테논 신전이 있는지 어떻게 알겠어? 그저 한숨만 나오더라고.

그때 누군가 내 어깨를 툭 치지 뭐야? 놀라 고개를 돌려 보니, 나를 아폴론 신전에 내려준 그 독수리였어. 독수리가 내게 휴대폰을 내밀었어. 내가 델포이 신전에 휴대폰을 떨어뜨리고 왔었나 봐. 그 순간 나는 지푸라기라도 잡는 심정으로 독수리에게 부탁했어.

"독수리야! 나 한 번만 도와주면 안 될까? 지금 파르테논 신전으로 가야 하는데, 어디로 가야 할지, 어떻게 가야 할지 하나도 모르겠어."

내 말에 독수리가 마치 자기 등에 올라타라는 듯이 땅바닥에 몸을 웅크리고 앉았어.

"타도 돼?"

내 질문에 독수리가 고개를 끄덕였어. 나는 독수리의 등 위에 올라탔어. 그러자 독수리가 하늘로 날아올랐지.

몇 시간이나 흘렀을까? 독수리는 나를 파르테논 신전이 보이는 언덕 위에 내려놓고 다시 허공으로 날아 올라갔어.

"고마워, 독수리야!"

나는 독수리의 모습이 보이지 않을 때까지 손을 흔들었어.

그리스 한눈에 알아보기

올림픽이 시작된 나라, 그리스

그리스 사람들은 몸을 단련하고 운동하는 것을 중요하게 생각했어요. 그래서 그리스의 도시 국가들은 크고 작은 경기를 많이 개최했지요. 그리스의 폴리스들은 전쟁 중에도 휴전하며 신전에 제사를 올리고 대회를 치렀다고 해요. 올림픽은 제우스 신을 기리기 위해 4년마다 올림피아에서 열리던 제전에서 시작되었어요. 기원전 776년부터 393년까지 293회에 걸쳐 개최되었는데, 원반던지기와 창던지기, 레슬링 같은 스포츠 경기와 다양한 문화 예술 행사가 열렸지요.

B.C.776년

최초의
올림피아 제전

B.C.492년

페르시아 전쟁

근대 올림픽의 창시자, 쿠베르탱(1863~1937)

1500년 동안 중단되었던 올림픽 경기가 다시 시작된 것은 바로 프랑스의 쿠베르탱 남작에 의해서였어요. 쿠베르탱은 스포츠를 통해 세계 평화를 이루려는 신념을 갖고 국제올림픽위원회(IOC)를 창설했어요. 근대 올림픽은 1896년 제1회 그리스 아테나 올림픽을 시작으로, 4년마다 전 세계 사람들의 사랑을 받는 스포츠 행사로 자리매김했답니다.

B.C.395~340년
그리스 동맹국 사이의 전쟁

B.C.200~196년
로마의 그리스 침공 시작

B.C.146년
로마의 그리스 지배

4장

아테나 여신의 무기를 구하라!

아테나 여신의 테스트

"파르테논 신전은 어떤 신전일까?"

나는 휴대폰에 파르테논 신전을 검색해 보았어. 하지만 인터넷은커녕 전기도 들어오지 않는 고대 시대에 와 있는데 검색이 될 리가 없었지.

대신 나는 전시회에서 찍은 사진에서 정보를 찾을 수 있었어. 휴대폰에는 우리가 전시회에서 찍은 사진들이 남아 있었고, 다행히 동생들과 함께 찍은 아크로폴리스 사진 아래 정보가 적힌 표지판이 있었거든.

"파르테논 신전은 그리스 아테나의 아크로폴리스에 있는 신전으로, 기원전 479년에 페르시아인이 파괴한 옛 신전 자리에 아테나 사람들이 수호 여신 아테나에게 바친 것이다."

파르테논에 대한 정보를 읽는 순간, 스핑크스가 낸 두 번째 문제가 떠올랐어. 아크로폴리스에 있는 세 개의 신전은 바로 파르테논 신전과 에레크테이온 신전, 니케 신전이었어. 전시회를 잘 봤더라면 충분히 알 수 있는 문제였다니 기분이 씁쓸해졌지.

나는 곧 정신을 차렸어. 지금 한가하게 꾸물거릴 시간이 없었어. 나는 빨리 아테나 여신의 무기를 구해서 크레타섬으로 가야 해.

나는 곧장 파르테논 신전 안으로 들어갔어. 그런데 신전 안에는 아무도 없지 뭐야?

한참을 돌아다녔지만 여신은커녕 사람 그림자 하나 보이지 않았어.

"아테나 여신을 어디 가서 만난담?"

나도 모르게 혼자 중얼거렸어.

그 순간, 기둥 위에서 부드러운 여자 목소리가 들렸어.

“나를 왜 찾지?”

나도 모르게 기둥 위를 쳐다보았지. 그랬더니 기둥 위에 있던 여신 조각상이 살아 움직이더니 바닥으로 풀쩍 뛰어내렸어.

한 손에는 창을, 다른 한 손에는 방패를 든 여신이었어.

“당신이 지혜의 여신인 아테나로군요!”

“이상한 옷차림을 한 넌 누구니? 용케도 나를 알아보는구나! 근데 왜 나를 찾았지?”

“저는 다른 나라에서 온 뭉치라고 하는데요, 여신님의 무기를 나눠 주실 수 있나요? 제 동생들이 크레타섬에 잡혀 있는데 여신님의 무기가 있어야 동생들을 구할 수 있거든요.”

아테나 여신이 눈을 크게 뜨고 나를 바라보았어.

“정말 기특한 아이로구나! 그런데 내 무기를 구하려면 테스트를 통과해야 한단다. 할 수 있겠니?”

“네! 할 수 있어요.”

“좋아! 그럼 저기 남자 사제가 너를 테스트할 테니 열심히 해 보렴.”

아테나 여신의 말이 끝나자마자, 남자 사제가 내 앞에 나타나서 말했어.

“테스트 한 개당 무기 한 개씩 얻을 수 있단다. 단 테스트를 통과하지 못하면 이미 획득한 무기를 내놓아야 해. 예를 들어 첫 번째 테스

트는 총 두 개의 무기를 획득할 수 있는데, 두 번째 테스트를 통과하지 못하면 두 개의 무기 중 한 개를 내놓아야 한단다.

"자, 그럼 나를 따라오너라!"

사제가 나를 넓은 방으로 안내했어.

"첫 번째 테스트다. 저기 탁자 위에 놓여 있는 물건 중 가장 맘에 드는 것을 골라 오너라."

사제의 말에 나는 탁자로 걸어갔어. 탁자 위에는 술잔과 갑옷, 활 등이 놓여 있었어.

나는 물건들을 보며 곰곰이 생각해 봤어. 첫 번째 테스트는 뭘까? 설마 저 물건의 주인들과 결투를 벌이는 것은 아니겠지?

나는 이 물건의 주인이 누구일지 상상을 해 보았어. 만약 이 물건들이 가장 아끼던 것이라면, 술잔의 주인공은 술을 좋아하는 사람이고 갑옷과 활의 주인은 싸움을 잘하는 무사일 것 같았어. 그래서 나는 술잔을 집어 들었지.

"좋아! 첫 번째 테스트는 퀴즈 문제이다. 그리스의 신들 중 '술의 신'의 이름을 말하시오."

첫 번째 문제를 듣는 순간 나는 환호성을 질렀어.

준이가 박물관 전시실에서 하도 질문을 해 대는 바람에 이것저것 휴대폰으로 찾아본 것들이 이렇게 큰 도움이 될 줄이야.

나는 거침없이 답을 말했어.

"답은 디오니소스예요."

"정답! 다음 문제다. 디오니소스는 인간에게 이것을 마시게 하여 신의 행복을 전해 준 공로를 인정받아 올림포스 12신의 자리에 오르게 되었다. 이 술은 어떤 술인지 말해 봐라."

사제의 질문이 끝나기도 전에 나는 정답을 말했어.

"포도주!"

그리스 신 이야기

올림포스 12신은 누구?

올림포스 12신은 그리스 사람들이 올림포스산에 산다고 믿는 열두 명의 신이에요. 제우스와 헤라를 비롯해 포세이돈과 아테나, 아폴론, 헤르메스, 아레스, 헤파이스토스, 아르테미스, 아프로디테, 데메테르, 디오니소스가 포함되어 있답니다.

"정답! 이로써 첫 번째 테스트는 통과했다."

"우아, 그럼 제가 무기 두 개를 획득한 건가요?"

너무도 쉽게 첫 번째 테스트를 통과한 나는 자신감이 넘쳤어.

"그래! 하지만 다음 테스트를 통과하지 못하면 무기를 뺏겨야 한단다. 자, 그럼 다음 테스트 장소로 이동해 볼까?"

사제가 이렇게 말하며 나를 다른 공간으로 안내했지.

"두 번째 테스트는 뭔가요?"

"보물찾기란다."

사제의 말에 나는 신이 났지. 사실, 내가 책을 별로 안 읽어서 지식은 많지 않지만 꾀는 많거든. 특히 보물찾기는 게임을 하면서 익힌 노하우가 많아 자신이 있었지.

사제는 나를 파르테논 신전 옆의 정원으로 데려갔어. 그곳에는 갖가지 식물들이 심어져 있었어.

"그리스의 수도 아테나는 아테나 여신이 지켜 주는 도시이다. 처음에 이 도시를 차지하기 위해 아테나와 포세이돈이 싸움을 벌였는데, 아테나가 승리한 이유는 바로, 아테나가 이 도시의 시민들에게 열매가 달린 이 나무를 선물했기 때문이다. 두 번째 문제는 저기 저 나무들 중에서 아테나 여신이 이 도시에 선물한 나무의 열매를 따 오는 것이다."

나는 정원을 돌아다니며 나무를 살펴보았어. 나무마다 다양한 종류의 열매들이 열려 있었지.

나는 찬찬히 생각을 해 보기로 했어. 일단 아테나 여신이 그리스에 선물한 나무가 무엇인지 알아내야 해. 하지만 지금 내가 알아낼 방법은 없었지. 그렇다면 생각을 다르게 해 보기로 했어.

'열매가 열리는 나무라고 했으니 그 열매로 음식을 만들 수 있을 거야. 그리스 하면 가장 유명한 음식이 뭐지? 올리브유에 재운 고기를 불에 구운 꼬치 요리도 있고, 양고기와 소고기를 갈아서 여러 가지 채소를 넣고 오븐에 구운 파이 요리도 있었지?'

그리스 요리를 어떻게 이렇게 잘 아냐고? 그거야 내가 워낙 먹는 것을 좋아해서 세계 음식을 다 꿰고 있기 때문이야. 그런데 아무리 생각해 봐도 이번 문제의 답은 도통 잘 모르겠지 뭐야?

그때 사제가 나를 불렀어.

"시간이 다 됐다. 답을 찾아 와라."

사제의 말이 끝나기가 무섭게 아테나 여신이 정원에 나타났어. 앗, 그런데 이제 보니 박물관 전시회 책자에 그려진 모습과 똑 닮은 모습이었지 뭐야?

순간 기적처럼 떠오르는 게 있더라고. 바로 전시회 책자에서 본 그림이었어. 거기에는 아테나 여신과 포세이돈이 대결하는 장면이 있었어. 그때 분명 아테나 여신의 손에는 올리브가 열린 나무가 있었고, 포세이

돈의 옆에는 말 한 마리가 있었지.

그래! 정답은 올리브야! 내가 좋아하는 피자에 항상 올라가는 올리브. 나는 까맣게 잘 익은 올리브를 하나 따서 사제에게 가져갔어.

"정답은 올리브예요."

내 대답이 끝나자마자, 아테나 여신이 내게로 다가왔어.

"정말 잘했다! 이건 네가 획득한 무기들이란다."

아테나 여신이 이렇게 말하며 선글라스처럼 생긴 가면과 요정의 가루, 올리브 열매 한 알을 내게 주었어.

"이게 뭔가요?"

"요괴의 눈을 마주치지 않고 사방을 볼 수 있는 마법 가면이란다. 메두사와 바실리스크, 고르곤은 눈만 마주쳐도 돌로 변해 버릴 수 있거든. 혹시 그들을 만나거든 이 가면을 쓰렴. 그리고 이 요정의 가루는 생명의 가루인데 볼 수 없는 것을 볼 수 있게 해 줄 거야. 마지막으로 이 올리브 열매에는 마법의 힘이 들어 있단다. 이 열매를 먹으면 힘이 백 배 세어지지."

"감사합니다."

앗, 그런데 바로 그때 어디선가 나타난 족제비 한 마리가 마법 열매를 홀라당 삼켜 먹어 버리지 뭐야? 맙소사! 눈 깜짝할 새의 일이었어.

사제가 재빨리 족제비를 잡았어. 내가 잽싸게 물었어.

"마법 열매를 다시 주실 수 없나요?"

"마법 열매를 갖고 싶으면 다시 테스트를 해야 한단다."

"그럼 다시 할게요."

"오늘은 도전을 할 수가 없단다. 한 사람은 하루에 한 번만 테스트를 받을 수 있거든."

사제의 말에 나는 거의 울상이 되었어.

"저는 지금 당장 동생들을 구하러 가야 해요."

내 말에 아테나 여신과 사제도 난감한 표정을 지었지.

"그러면 이 족제비를 데려가는 게 어떻겠니? 족제비는 네 마법의 열매를 먹었으므로 너를 주인처럼 모실 거다."

아테나 여신의 말에 나는 할 수 없이 족제비를 데려가기로 했어.

고르곤 자매와의 만남

그때였어. 나무 숲에서 시꺼먼 물체가 미끄러지듯이 우리에게 다가왔어. 징그럽게 생긴 갈색 뱀 두 마리였어.

아테나 여신이 창으로 뱀들을 겨누며 소리쳤어.

"고르곤! 여긴 어쩐 일이지?"

갈색 뱀 두 마리가 똬리를 틀고는 고개를 빳빳이 쳐들었어.

사제가 나에게 소리쳤어.

"케토의 딸인 고르곤이야! 고르곤의 눈을 보면 돌로 변할지도 모르니까 어서 마법 가면을 써."

나는 재빨리 가면을 썼어.

"하하!"

갈색 뱀이 호탕하게 웃으며 빙글빙글 돌더니 사람으로 변신을 했어. 그런데 몸은 사람인데 머리카락이 온통 뱀이지 뭐야?

"놀라게 할 생각은 없었어요. 우리는 저 꼬마한테 볼일이 있어서 왔을 뿐이에요."

고르곤의 말에 나는 놀라 까무러칠 뻔했지.

아테나 여신이 고르곤 앞을 가로막았어.

"이 꼬마를 왜 찾지?"

"가이아 할머니가 보내서 왔어요. 저 꼬마가 찾는 아이들을 세이렌이 데려갔거든요. 저 꼬마와 아이들을 만나게 해 준 뒤 우리는 세이렌에게 받아올 물건이 있어요."

"그 말 사실이야?"

"물론이죠! 여기 가이아 할머니가 우리에게 보낸 편지예요."

고르곤 자매가 이렇게 말하며 아테나에게 편지 한 장을 건네주었어.

그리스 신 이야기

케토는 누구?

케토는 폰토스와 가이아의 딸로 그리스 신화에 등장하는 바다의 여신이에요. 케토는 '거대한 바다 괴물', '고래' 등을 뜻하는 이름인데, 바다의 신인 포르키스와 결혼하여 라돈, 스킬라, 고르곤, 에키드나 등 수많은 괴물 신들을 낳았어요.

포르키스(왼쪽)와 케토(오른쪽)

편지를 읽은 아테나가 나를 바라보았어.

"꼬마야, 고르곤 자매가 너를 크레타섬까지 데려다준다는구나. 아무쪼록 동생들 만나 너희 나라로 잘 돌아가렴."

아테나가 이렇게 말하며 나를 고르곤 자매에게 인도했어. 그리고 고르곤 자매에게도 마법 가면을 주더라고. 사람들을 만나게 되면 쓰고 있

미스터리 요괴 이야기

쳐다보면 돌로 변하는 괴물?

메두사는 고르곤 자매 중 한 명으로, 원래 빛나는 금발 머리를 가진 아름다운 처녀였는데, 아테나 여신의 저주를 받아 흉측한 모습으로 변했다고 해요. 메두사의 모습이 너무 무시무시해서 사람들은 그 얼굴을 보기만 해도 돌로 변해 버린다고 해요. 그리스 신화 속에서 페르세우스에 의해 목이 잘려 죽는답니다.

으라는 거였어.

나는 벌벌 떨며 고르곤 자매에게 갔지.

"꼬마야, 우린 너를 도와주려고 왔어. 가이아 할머니가 너를 무사히 크레타섬까지 데려다주면 내 동생 메두사를 살려 주신다고 약속했거든. 그러니까 안심해도 돼."

고르곤의 말에 나는 겨우 안심을 했어. 고르곤 자매의 모습이 무섭기는 했지만, 마법 가면을 쓰고 있어서인지 나는 돌로 변하지 않았지. 하지만 언제 어떤 일이 벌어질지 모르기 때문에 조심하기로 마음먹었어.

그렇게 나와 고르곤 자매, 족제비는 크레타섬으로 향했어.

바다 한가운데서 세이렌을 만나다

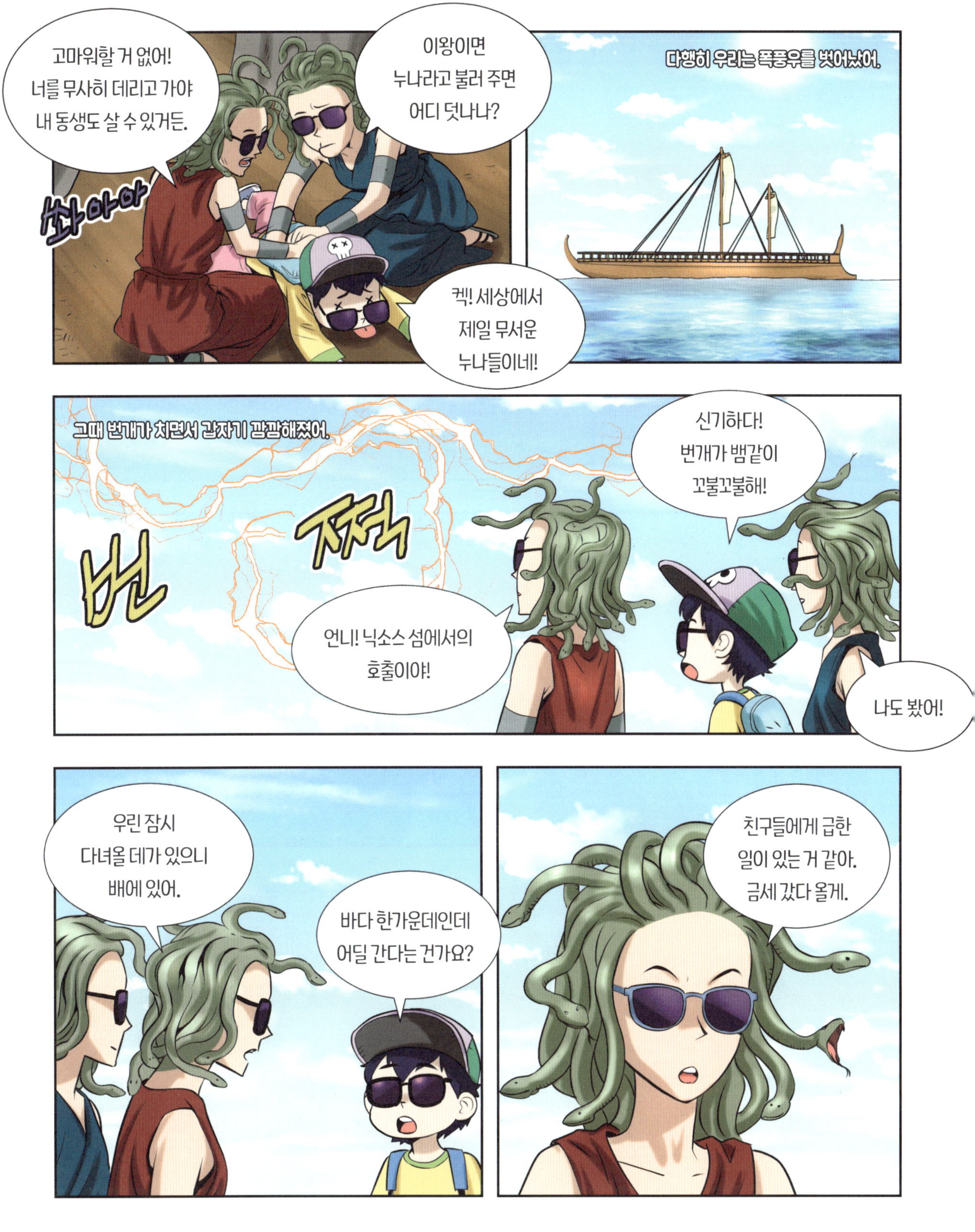
고마워할 거 없어!
너를 무사히 데리고 가야
내 동생도 살 수 있거든.
이왕이면
누나라고 불러 주면
어디 덧나나?
쏴아아
켁! 세상에서
제일 무서운
누나들이네!
다행히 우리는 폭풍우를 벗어났어.
그때 번개가 치면서 갑자기 깜깜해졌어.
번쩍
신기하다!
번개가 뱀같이
꼬불꼬불해!
언니! 낙소스 섬에서의
호출이야!
나도 봤어!
우린 잠시
다녀올 데가 있으니
배에 있어.
바다 한가운데인데
어딜 간다는 건가요?
친구들에게 급한
일이 있는 거 같아.
금세 갔다 올게.

무슨 일 있으면 우릴 불러!
'예쁜 누나들'하고!
절대 그런 일은
없을 걸요.
다녀오세요~
촤 아 아..
금방 올게.
고르곤 자매가 자리를 비운 뒤 갑자기 어디선가 감미로운
노랫소리가 들려왔어.
아, 아름다운 노래가
내 마음을 울리는구나!
헤헤
멍~
뭐가
아름답다는 거야?
그때였어. 배 주변으로
아름다운 미녀가 다가왔지.
인어 공주다!
꽉
꽉
인어 공주가 아니라
세이렌이야! 귀를 막아!
너, 말도
할 줄 알아?
지금 그게
중요한 게 아냐!

세이렌이
우리를 모두 바다에
빠지게 할 수 있다고!
왜?
세이렌은 아름다운 노래로
사람들을 홀려서
바다에 빠지게 하거든.
저 소리가 아름답다고?
쳇! 진짜 아름다운
노래를 못 들어 봤군!
내 노래가 아름답지 않다고?
아, 자존심 상해!
아아아
헤헤
멍~
안 돼요!
턱
그 사이 뱃사람들이
바다로 뛰어
들려고 했어.

족제비야, 어떻게 좀 해 봐!
나도 바다에 빠지겠어!
끙
여기서 힘을 쓸 줄이야!
우아, 힘세다!
콱
콱
나와 족제비가 필사적으로 뱃사람들이 바다에 빠지지 않게 붙잡았지만 소용없었어.
찡
찡
어푸
어푸
안되겠다! 족제비 네가 세이렌을 맡아! 노래 못 부르게!
어떻게 하란 말이야? 입이라도 틀어막아?
팍
읍
이젠 복화술로 노래를 해!

이제 어쩌지?
니 특기를 써! 세이렌 입에 방귀라도 뀌던가!
에잇! 내 방귀 맛 좀 봐라! 뿡뿡뿡!
뿌앙
켁 켁 켁 켁
으아아 ~
세이렌이 사라졌어!
킁킁, 마법 열매 탓인지 방귀 냄새가 백 배는 독해진 것 같네!
세이렌이 사라지자, 정신을 차린 뱃사람들이 바다에 빠진 사람들을 구했어.

고마워! 네가 아니었음
우리 모두 물고기 밥이
되었을 거야.
언제 또 나타날지 몰라요!
배에 귀를 막을 만한 것이
있을까요?
배 안에는 약간의 빵과 물
밖에 없는데!
빵을 줘 보세요!
나는 빵을 물에 적셔 단단하게 만든 뒤
귀마개를 만들었어.
꾹
꾹
좋아! 이 정도면 세이렌의
노래가 들리지 않을 거야.
나는 빵으로 만든 귀마개를 선원들에게 나눠 줬지.
꾹
이걸 양쪽 귀에
꽂으세요!
고마워!

그때 또다시 세이렌이 나타났어.
앗, 그런데 이번에는 혼자가 아니었어.
뭐야? 이젠 떼거리로 오네!
세이렌들이 배를 에워싸고 노래를 부르기 시작했지만
귀마개를 한 덕분에 아무 소리도 들리지 않았어.
이제 안 통해! 그 정도 노래가지고도 우릴 홀릴 수 없을 걸!
세이렌들 중 하나가 갑자기 배 위로 올라왔어.
어쩐지 불안한걸!
뱃사람 하나가 세이렌의 손을 잡고 바다로 뛰어들었어.
걱정 마! 내 방귀 한 방이면 도망갈걸!
망했다!

그때였어. 고르곤 자매가 불쑥 나타났어.

누나 불렀어? 이왕이면 이쁜 누나라고 불러 주지!
우웩
너 지금 나 들으라고 구역질하냐?
그럴 리가요. 뱃멀미 중이에요.
휙
친구들이 부른 게 아니었나요?
우릴 크레타섬에 못 가게 하려고 세이렌이 술수를 쓴 거야.
우리가 올 때까지 무사히 버텨 줘서 고맙다!
세이렌들 가만 안 둬! 속임수를 써서 우리를 꾀어 내고 이런 짓을 벌이다니!
우리가 빨리 눈치채고 돌아와서 다행이야!
오는 중인 줄도 모르고 괜히 불렀네.
저기 섬이 보여!
우아, 크레타섬이다! 기다려라, 동생들아! 내가 간다!

5장

크레타섬의 미궁

우리는 곧 크레타섬에 도착했어.

"킁킁, 여기에서 뭉치 몸에서 나는 냄새랑 비슷한 냄새가 나는걸."

"제 몸에서 나는 냄새라고요?"

"그래! 맵고 강한 냄새! 그 비슷한 냄새가 나는 곳으로 가면 네 동생들을 찾을 수 있을 거야."

고르곤이 이렇게 말하며 코를 킁킁거리며 앞으로 걸어갔어. 내 몸에서 나는 냄새라니, 아마도 마늘 냄새를 말하는 것 같았어.

우리는 곧 오솔길로 들어섰어. 조금 더 들어가자 아담하고 하얀 집이 나타났지. 고르곤 자매가 걸음을 멈췄어.

"냄새가 여기서 끊겼어."

나는 집 안을 기웃거렸어. 그때 얼핏 사고의 울음소리가 나는 것 같았어. 마음이 급해진 나는 무작정 오두막으로 뛰어들어 갔어. 그 순간, 누군가 몽둥이로 내 등을 때렸어.

"아얏!"

놀라 쳐다보니 글쎄 사고가 몽둥이를 들고 있지 뭐야?

"앗, 오빠 여긴 어떻게 온 거야?"

사고의 목소리는 심하게 떨렸고 눈빛도 공포심에 흔들리고 있었어.

"어쩐 일이긴! 너랑 준이를 찾으러 왔지. 준이는 어디 있어?"

"준이는 독수리 몸을 가진 여자가 데려갔어! 방금!"

사고의 말이 채 끝나기도 전에 뛰따라온 고르곤 자매가 입을 열었어.

"하피가 데려갔군!"

"하피는 또 누구예요?"

"하피는 아이를 잡아먹는 귀신이자 흡혈귀란다."

고르곤 자매의 말을 들은 나는 사고를 쳐다보았지.

"어떻게 된 거야? 너랑 준이를 데려간 것은 세이렌이잖아."

"오빠가 그걸 어떻게 알아?"

"너랑 준이를 찾아다니다가 알게 되었어. 그건 그렇고 세이렌은 어디 가고 하피가 준이를 데려간 거야?"

"내가 마녀의 옷자락을 잡고 놓지 않았다가 이곳에 오게 된 건 알고 있지? 정신을 차리고 보니까 세이렌이 준이랑 놀아 주고 있더라고. 그러다가 누군가의 연락을 받고 나갔는데 그 뒤에 바로 뱀허물을 걸친 여자, 그러니까 하피가 나타나 준이를 데려갔어. 오빠, 어서 준이를 찾아야 해."

사고가 울먹이자 나는 어쩔 줄 모르겠더라고.

그때였어. 가이아가 갑자기 우리 앞에 나타났어. 마치 영상처럼 공중에 모습을 나타냈지.

"얘야, 울지 마라. 네 동생은 무사하단다."

가이아가 인자한 표정으로 대답했어.

"앗, 아줌마는 박물관에서 봤던 그 아줌마 맞죠?"

사고가 묻자 가이아가 미소를 지어 보였어.

"고르곤 너희들은 밖에서 기다리고 있으렴."

가이아의 말에 고르곤 자매가 밖으로 나갔어.

"준이가 무사한 걸 어떻게 아세요? 그 말은 준이가 어디에 있는지 안다는 말씀이죠?"

"그래! 준이는 이곳 크레타섬의 미궁에 있단다."

"네? 미노타우로스라는 괴물이 갇혀 있는 미궁 말인가요?"

가이아가 고개를 끄덕였어.

"안심하렴. 미노타우로스는 이미 테세우스에게 죽임을 당했단다."

"오, 다행이다! 가이아님, 준이를 구할 방법을 알려 주세요."

"아테나에게서 받은 요정의 가루가 너희를 미궁으로 안내해 줄 거야. 미궁에 들어가거든 한눈팔지 말고 앞으로만 가거라. 그럼 성공하길 빈다."

말을 마친 가이아가 눈 깜짝할 사이에 모습을 감췄어.

미스터리 요괴 이야기

어린아이를 잡아먹는 괴물이라고?

크레타섬의 왕비인 파시파에는 포세이돈이 보내 준 아름다운 황소에게 반했어요. 그리고 수소와 사랑에 빠져 미노타우로스를 낳았지요. 미노타우로스는 황소의 머리와 인간의 몸을 가진 난폭한 괴물이었어요. 그래서 크레타섬의 왕인 미노스는 미노타우로스를 미궁에 가둔 뒤 어린아이나 사형수를 먹이로 주었어요. 훗날 미노타우로스는 그리스 신화의 영웅 테세우스와의 싸움에서 져 죽임을 당했어요.

미궁을 탈출하라!

나는 요정의 가루를 조금 공중에 뿌렸어. 그러자 요정의 가루가 나비가 되더니 우리를 어디론가 안내하기 시작했지.

우리는 곧 미궁 입구를 통해 안으로 들어갔어.

얼마나 걸었을까? 꼬불꼬불 미로를 지나자, 좌우로 넓은 방들이 나타났어. 프레스코화 기법으로 그린 그림과 그리스 문자가 그려진 복도를 지나자 이상한 소리가 들렸어.

어떤 방에서는 음악 소리가 나고 또 어떤 방에서는 비명 소리가 들렸지. 방문을 열어 보고 싶은 충동이 마구 생겼어.

"저 방에 뭐가 있나 보자!"

"안 돼! 준이가 있는 방은 저 방들이 아니야! 저 소리를 듣지 않을 수 있음 좋겠는데……."

사고의 말에 크레타섬으로 오는 길에 만들었던 귀마개가 떠올랐어. 마침 내 주머니에는 그때 쓰고 남은 빵이 조금 있었지.

"이걸로 귀를 막아 볼까?"

"그거 좋은 생각인걸!"

사고가 내 말에 흔쾌히 찬성을 했어.

우리는 귀를 막은 채 계속해서 걸었어.

소리의 방을 다 지난 우리는 귀마개를 뺐어.

아, 그런데 이건 또 뭐람? 어디선가 향긋한 냄새가 풍겨 왔어. 얼핏 사방을 둘러보니 거울이 달린 방에서 맛있고 달콤한 향기가 나는 것 같았어.

나는 힐끗 거울이 달린 방을 쳐다봤지. 그랬더니 거울 속에서 눈이 부시게 아름다운 여인이 나타나는 게 아니겠어?

"우아, 예쁘다!"

나도 모르게 거울의 방 앞까지 달려갔어.

"오빠! 정신 차려! 준이가 있는 방을 찾아야지!"

사고가 내 팔을 낚아채며 흘겨보았어.

"저건 환상이야! 잘 봐!"

사고의 말에 겨우 정신을 차린 나는 거울의 방을 지나쳐 갔어. 그런데 이건 또 어떻게 된 일일까? 거울의 방에서 준이가 나를 부르지 뭐야?

"준이야!"

나와 사고는 놀란 얼굴로 다시 거울의 방 입구로 달려갔어.

준이가 서서 나를 바라보고 있었어. 나는 준이에게 달려갔어. 그런데 준이에게 다가갈수록 준이가 점점 더 뒤로 가는 거야. 자세히 보니 준이와 나 사이에 유리 거울이 가로막고 있는 것 같았어. 내가 거울을 깨려고 하자, 사고가 소리쳤어.

"오빠! 그건 준이가 아니야! 그림자가 없어!"

나는 다시 정신을 가다듬고 준이를 쳐다보았어. 하지만 그 순간 준이는 연기처럼 사라지고 없었어.

"가짜 방이야! 어서 여길 빠져나가자!"

나와 사고는 서둘러 거울의 방을 빠져나가려고 입구를 찾아다녔어. 하지만 유리로 된 미로의 방을 빠져나갈 방법이 없었어.

"어떻게 하지? 거울의 방을 빠져나가야 준이가 있는 방으로 갈 텐데."

"요정의 가루를 사용하자!"

나와 사고는 요정의 가루를 바닥에 뿌렸어. 그러자 가루들이 반짝이며 길을 만들어 주었어.

거울의 방을 빠져나온 우리는 계속해서 걸었어. 드디어 미궁의 끝 방이 우리 앞에 나타났어. 나와 사고는 벌컥 방을 열었지. 하지만 방 안에는 아무도 없었어.

"이거 봐! 과자 가루가 떨어져 있어."

사고가 방바닥에 떨어진 가루를 만져보며 말했어.

"누군가 이 방에서 과자를 먹었다는 얘긴가?"

"대리석 바닥이 이 부분만 따뜻해! 방금까지 여기에 누가 앉아 있었다는 말인데?"

사고가 마치 탐정처럼 바닥을 손으로 어루만지며 중얼거렸어.

"말도 안 돼! 여기가 미궁의 끝 방이거든! 방금까지 이 방에 사람이 있었다면 오가다가 우리랑 마주쳤을 걸!"

내 말에 사고가 목청을 높였어.

"왜 그렇게밖에 생각 못 해? 이 방에 비밀 장치가 있어서 우리랑 마주치지 않고도 밖으로 나갈 수도 있잖아!"

"말도 안 돼! 너 영화를 너무 많이 본 거 아냐? 여긴 고대야. 우리가 사는 현대처럼 과학과 기술이 발전한 세상이 아니라고."

"옛날이라고 해서 오늘날보다 기술이 덜 발전했다는 건 잘못된 생각이야! 이런 미궁을 만들 정도라면 옛날 사람들도 충분히 비밀 장치 정도는 만들 수 있다고 생각해. 더구나 고대 그리스에는 아르키메데스 같은 최고의 물리학자가 있었다고. 내가 찾을 거야. 비밀 장치!"

사고가 버럭 화를 내며 방 안의 벽을 손으로 찬찬히 더듬기 시작했어.

나는 어이가 없었지.

"쓸데없는 짓 하지 말고 다시 나가자!"

그런데 그때 사고가 흥분한 얼굴로 나를 보았어.

"여, 여기 문이 있어!"

사고는 눈을 지그시 감은 채 다시 벽을 어루만졌어. 나는 설마 하면서도 사고가 만지는 벽을 조심스럽게 만져 보았지.

"문 같은 소리 하고 있네!"

내가 코웃음을 쳤어. 내가 보기에 문 같은 건 없었거든. 나는 벽을 힘껏 뻥 찼어. 그러자 벽이 뒤로 쑥 밀리면서 마치 회전문처럼 한 바퀴 돌아가지 뭐야?

나와 사고는 침을 꼴깍 삼킨 채 서로를 바라보았어. 벽이 제자리로 돌아가려고 하자, 사고가 내 손을 덥석 잡아끌더니 벽 안으로 뛰어들었어.

사고는 내 주머니에서 요정의 가루를 꺼내 갔어.

"뭐하는 거야? 그건 내가 힘들게 얻은 것이거든."

나는 버럭 소리를 질렀어.

"준이도 찾고 신의 보물도 찾아야지!"

사고가 이렇게 말하며 요정의 가루를 바닥에 한줌 뿌렸지. 그러자 놀랍게도 길이 보였어.

"가자!"

나와 사고는 요정의 가루가 반짝이는 길을 따라 걷고 또 걸었어. 얼마나 걸었을까? 돌무더기 같은 것이 앞에 보였어.

우리는 돌무더기로 다가갔지. 그런데 이게 뭐람? 가까이에서 보니 돌무더기가 아니라 사람의 해골이었어. 수많은 해골이 쌓여 있었던 거야.

"으, 아악!"

놀란 나는 뒤로 물러나다가 엉덩방아를 찧으며 넘어졌어. 사방에 사람과 동물의 뼈들이 보였어.

"미노타우로스에게 재물로 바쳐진 사람들의 뼈 같아!"

사고의 말에 나는 비명을 지르며 냅다 뛰었어.

그런데 얼마 안 가 사고가 뒷걸음질을 치며 어쩔 줄 몰라 했어.

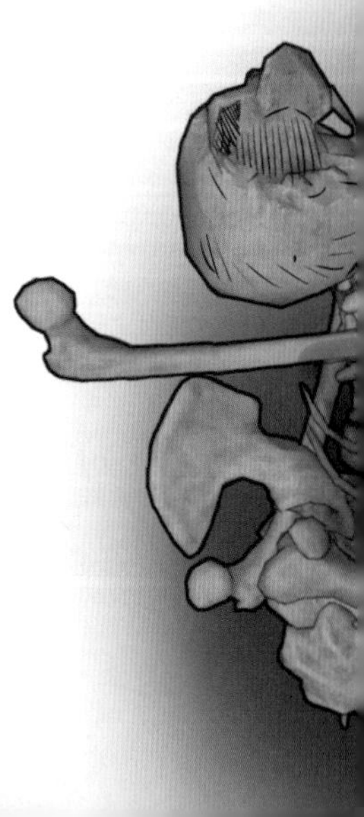

"으악! 뱀이야!"

사고가 가리키는 곳에 새까만 실뱀들이 우글거리고 있었어.

그때까지 잠자코 있던 족제비가 실뱀을 향해 으르렁거렸어. 그러자 검은 실뱀들이 동그랗게 모이더니 곧 동생 고르곤의 모습으로 변하지 뭐야?

"고르곤! 갑자기 나타나면 어떻게 해?

내가 소리쳤어.

사고는 어리벙벙한 표정으로 고르곤 자매를 번갈아 보았어.

"우리를 괴물로 만든 게 누군지 아니? 바로 아테나 여신이야! 아테나 여신이 만든 요정의 가루가 마력이 대단하기는 하구나. 너희들이 미궁을 무사히 빠져나오다니 말이야. 허, 참."

언니 고르곤이 어깨를 으쓱거리며 말했지.

"그런데 왜 우리 앞에 다시 나타난 거예요?"

"그야 너희를 사모스섬으로 데려다주려고 왔지."

"사모스섬은 왜요?"

"네 동생이 사모스섬에 있는 마녀의 궁전으로 갔대. 우린 그냥 너희들이 찾을 때까지 모른 척할까 했는데, 너희들이 빨리 동생을 찾아야 우리도 동생을 살릴 수 있어서 너희를 돕기로 했어."

"그건 또 무슨 말이에요?"

"신의 보물이 있으면 죽은 내 동생 메두사를 살릴 수 있다고 했잖아. 내 동생은 지금 지하 세계에 있는데 며칠 뒤 보름달이 뜰 때 잠깐 지하 세계에서 나오거든. 그때를 놓치면 또 백 년을 기다려야 해. 그러니까 어서 가자! 한 명씩 우리 자매 등에 업혀."

고르곤 자매가 동시에 등을 내밀었어. 하지만 나와 사고는 꾸물거렸지. 새까만 뱀이 꾸물거리는데 어떻게 등에 업힐 수 있겠어?

언니 고르곤이 이런 우리 마음을 눈치 챘는지 뱀 머리카락을 돌돌

말아 올린 다음 수건으로 칭칭 동여맸어.

"자 됐지? 사모스섬에 갈 때까지만 참으렴. 시간이 늦어지면 네 동생이 또 다른 곳으로 갈 수도 있으니까 어서 업혀!"

고르곤의 말에 나와 사고가 서로를 쳐다보았어.

"시간이 없다니까! 이러다 네 동생이 아무도 찾지 못하는 곳으로 가게 될 수도 있어!"

결국 나는 언니 고르곤의 등에, 사고는 동생 고르곤의 등에 업혔어.

고르곤 자매는 엄청나게 빠른 속도로 성큼성큼 걸어 사모스섬으로 향했어.

그리스 한눈에 알아보기

그리스의 자랑, 세계 문화유산

아테나의 아크로폴리스

그리스의 고대 도시인 아테나 한가운데에는 아크로폴리스라는 언덕이 있어요. 아크로폴리스는 동쪽과 남쪽, 북쪽의 세 방향이 온통 깎아지를 듯한 절벽으로 둘러싸여 있는데 이곳에 바로 파르테논 신전과 아테나, 니케 신전 등이 있어요. 고대 그리스 사람들은 이곳에 도시를 세우고 신들을 초대했어요. 가장 멋진 선물을 주는 신의 이름을 따서 도시의 이름을 지었는데, 그 이름이 바로 아테네예요. 그리고 아테나 여신을 수호신으로 모시고 신전을 만들었지요.

아크로폴리스 언덕에 자리잡은 세 개의 신전

델포이 유적지

델포이는 그리스 포키스 협곡에 있는 파르나소스산의 남서쪽 산자락에 자리 잡은 고대 그리스의 도시예요. 이곳에는 '세계의 중심, 배꼽'이라고 불리는 옴파로스와 제우스의 아들인 아폴론이 신탁을 내리던 델포이 신전이 있어요.

델포이 신전은 제우스의 아들인 아폴론이 신탁을 내리는 신전이에요. 신탁이란 나라의 앞날이나 개인의 앞날을 점치는 일을 말하는데, 델포이 신전에는 여사제가 머물면서 아폴론의 신탁을 전해 주었어요. 고대 사람들은 크고 작은 일이 있을 때마다 신탁을 듣기 위해 델포이 신전으로 갔는데, 그리스 사람뿐만 아니라 세계 각지에서 수많은 사람들이 몰려들었다고 해요.

델포이 신전 유적지

메테오라

메테오라는 하늘의 기둥으로 불리는 거대한 바위 기둥이에요. 메테오라는 세계적으로 매우 보기 드문 신비롭고 경이로운 곳으로 세계 문화유산으로 지정되었답니다.

'메테오라'라는 말은 '공중에 떠 있다.'라는 뜻을 가지고 있는데, 그리스의 테살리아 지방에는 수백 미터의 높은 절벽 위에 수도원이 세워져 있어요.

이곳의 수도원은 먼 옛날 로마 제국의 박해를 피해 이곳으로 들어왔던 기독교인들이 만든 것이라고 해요. 그들은 아슬아슬하게 솟아오른 바위산 위에 스물네 개의 수도원을 지었어요. 하지만 현재는 다섯 개의 수도원과 한 개의 수녀원만이 남아 있으며 대부분 박물관으로 이용되고 있다고 해요.

첫 번째 수도원인 메테오른 수도원은 1382년 이전에 세워진 것으로, 메테오라의 수도원들 중 가장 크고 높고, 멀리 떨어져 있는 수도원이에요.

수도원의 천정에는 그리스도의 탄생과 십자가에 못 박히고 부활한 모습을 묘사한 프레스코화가 장식되어 있어요. 또한 이곳에는 수도사들의 해골과 뼈로 가득찬 방도 있답니다.

발람 수도원은 두 번째로 큰 수도원으로 1541년에서 1542년에 세워졌으며, 이곳에는 세 명의 주교를 기리는 돔으로 된 십자형 교회와 목조 십자가, 성화 등 귀중한 유물들이 전시되어 있어요.

아기오스 스테파노스 수도원은 가장 잘 보존되어 있는 수도원으로 현재 수녀원으로 사용되고 있어요. 그 외에도 14세기에 세워진 루사노 수도원과 성 트리니티 수도원, 성 니콜라스 아나파우사스 수도원 등이 있어요.

6장

사모스섬의 비밀

외눈박이 괴물, 키클롭스

얼마 뒤, 아담한 섬이 보였어. 얼핏 신전처럼 보이는 건물들이 눈에 들어왔지.

"여기도 신전이 있나 봐! 어떤 신전이지?"

"저기 보이는 신전은 헤라 신전이야! 우리는 반대쪽 티가니 성벽 쪽으로 갈 거야. 성벽 안쪽에 마녀의 궁전이 있어."

언니 고르곤이 말했어.

우리는 곧 티가니 성벽에 도착했고, 고르곤 자매가 조심스럽게 우리를 풀밭에 내려 주었어.

"여기에 커다란 성이 하나 있는데 그게 바로 마녀의 성이야. 그 성안에 너희들이 찾는 꼬마가 있을 거야."

"당신들은 우리랑 같이 안 가나요?"

사고가 묻자 언니 고르곤이 대답했어.

"요괴나 신들은 인간에게 도움을 줄 수는 있지만, 직접 문제를 해결

해 줄 수는 없어. 그랬다가는 이 세계가 시끄러워지거든. 그러니까 동생을 찾는 일은 너희들이 알아서 해라."

언니 고르곤이 이 말을 남긴 채 서둘러 자리를 떴어.

나와 사고는 티가니 성벽을 넘어 마녀의 성으로 다가갔어. 그런데 우리가 미처 생각하지 못한 게 있었어. 무섭게 생긴 외눈박이 거인이 성 앞을 지키고 있었다는 사실이야.

"저 괴물이 성을 지키고 있는데 어떻게 안으로 들어가지? 책에서 봤는데 저 괴물 힘이 어마어마하대. 만약 들키면 우린 뼈도 못 추릴지도 몰라. 거인의 눈을 피하려면 저 눈을 가려야 될 것 같은데. 어떻게 하지?"

사고가 조용히 말했어.

"거인의 눈을 가리자고? 그렇게까지 할 필요 없어. 우리에겐 족제비가 있거든."

"족제비가 뭘 할 수 있다는 거야? 아까부터 내내 내 가방 속에서 잠만 자던데."

사고가 입을 삐죽이며 대꾸했어.

"내가 잠만 잤다고? 잠깐 생각 중이었거든."

족제비가 이렇게 말하며 가방 속에서 빼꼼히 얼굴을 내밀었어.

"헐, 말하는 족제비야!"

사고가 놀란 듯 멍한 표정으로 족제비를 바라봤어.

그리스 **신 이야기**

거인족의 시조 키클롭스

키클롭스는 대지의 여신인 가이아와 하늘의 신 우라노스 사이에서 태어난 아이들 중 외눈박이 거인 삼형제를 말합니다. 해안의 섬에서 양과 염소를 기르며 동굴에서 산다고 전해지는데, 자신의 힘을 믿고 그 어떤 신도 무서워하지 않았답니다. 하지만 트로이 전쟁의 영웅인 오디세우스에게 속아 하나밖에 없는 눈을 잃지요.

“말하는 동물 처음 보냐? 뭘 그렇게 신기하게 쳐다보고 그래? 저 외눈박이의 시선을 돌릴 테니 그 사이 너희는 성안으로 들어가.”

족제비가 똑똑하게 말했어.

사고가 믿을 수 없다는 표정으로 나를 바라봤어. 나는 어깨를 으쓱해 보였지.

그때 족제비가 재빨리 키클롭스에게 달려갔어. 우리는 숨어서 그 모습을 지켜보고 있었지. 그런데 족제비를 발견한 키클롭스가 다짜고짜 족제비를 잡더니 원반던지기를 하듯 던져 버렸어.

“저리 꺼져!”

족제비가 공중으로 붕 뜨는가 싶더니 땅바닥으로 나동그라졌지.

“쳇! 족제비만 믿고 우리가 이대로 가만있어도 되는 거 맞아?”

사고가 의심스러운 눈빛으로 나를 바라봤어.

“기다려 봐!”

내가 천천히 말했어.

그 사이 족제비가 다시 쏜살같이 키클롭스에게 달려들었어. 그리고는 마구 주먹질을 해 댔지.

마치 어린애가 어른에게 달려드는 것 같은 모습이었어. 그런데

족제비의 힘이 엄청난지 거인의 얼굴이 점점 고통스러운 표정으로 변하더니 그대로 땅바닥으로 넘어져 버렸어.

하지만 곧 키클롭스가 일어나 족제비를 공격했어. 족제비가 한쪽으로 키클롭스를 유인했지. 그 사이 우리는 재빨리 성안으로 들어갔어.

마녀의 성은 어마어마하게 크고 화려했어. 그런데 어찌된 일인지 성 안에는 보초 한 명 보이지 않았어.

조금 이상했지만 다른 생각을 할 겨를이 없었어. 우리는 준이를 찾아야 했거든. 우리는 곧장 성의 안뜰로 들어가 입구를 찾아다녔어.

여기저기 두리번거리던 내 눈에 작은 입구가 보였어. 나는 조심스럽게 입구에 있는 문을 밀었지. 문이 스르륵 열리면서 기다란 복도가 보였어.

족제비에게 망을 보라고 하고, 나와 사고는 살금살금 안으로 들어갔어. 그런데 복도 끝 쪽에서 누군가 다투는 소리가 들리는 것 같았어. 가만히 들어보니 다투는 소리와 함께 어린아이가 우는 소리가 들렸어.

"준이 목소리야!"

사고가 이렇게 말하며 앞쪽으로 뛰어갔어. 그런데 말야, 연회장처럼 넓은 방 안에서 두 마녀가 싸우고 있었어. 그중 한 명은 세이렌이었고, 다른 한 명은 날개와 날카로운 발톱을 지닌 새의 몸에 여자의 얼굴을 한 괴물이었어. 괴물의 얼굴이 어찌나 창백한지 귀신 같아 보였어.

그런데 가만 보니 괴물이 준이를 안고 잡아먹으려는 것처럼 보였어.

"준이야!"

나와 사고가 준이에게 달려들자, 괴물이 나와 사고를 밀쳐 버렸어. 어찌나 힘이 센지 나와 사고는 복도로 나뒹굴고 말았지.

그 사이 세이렌이 준이를 괴물에게서 빼앗았어.

"그 애는 내 거야! 내 먹이를 건들지 마!"

괴물이 소리치며 세이렌을 날려 버렸지. 세이렌이 고통스러운지 얼굴을 찡그렸어.

준이는 다시 괴물의 손에 들어갔고, 세이렌이 필사적으로 준이를 되찾으려 하고 있었어.

"너희들은 하피를 막아! 하피가 준이의 영혼을 먹으려고 했다고! 난 아이들은 해치지 않아! 준이가 가진 물건이 필요할 뿐이지."

세이렌이 우리에게 소리쳤어. 사고가 나를 쳐다보았어.

"오빠! 저 괴물이 하피야!"

"뭐라고? 그럼 하피에게서 어서 준이를 구해야 해."

"무슨 소리야! 세이렌도 마찬가지이지! 우리가 먼저 준이를 구해야 해."

미스터리 요괴 이야기

아이를 먹는 요괴라고?

하피는 그리스 신화에 등장하는 괴물로, 바다의 신 타우마스가 호박빛 구름의 여신 엘렉트라와 결혼하여 낳은 딸들을 말해요. 바람처럼 빨리 날아다니며 남의 물건을 훔치고, 어린아이나 죽은 자의 영혼을 날카로운 발톱으로 낚아채 간다고 알려졌어요. 고대 그리스인들은 물건이나 사람이 갑자기 사라지면 하피의 짓이라고 생각했어요.

사고의 말에 나는 고개를 끄덕였어.

“오빠는 괴물의 왼팔을 맡아! 난 오른팔을 맡을 테니.”

사고와 나는 괴물에게 달려들었어. 그리고 무작정 양쪽 날개를 하나씩 잡고 물어뜯었지.

“아악!”

괴물이 소리를 지르며 준이를 내려놓는 순간, 세이렌이 준이를 번쩍 안아 버리지 뭐야? 놀란 내가 세이렌에게 달려갔어.

“준이를 돌려주세요!”

“준이는 무사히 보내 줄 테니 너희는 하피를 맡아! 너희 둘이 하피의 날개를 양쪽에서 잡으라고. 하피의 힘은 날개에서 나오거든.”

세이렌이 내 귀에 가만히 속삭였어.

어느새 내 옆에 오게 된 사고도 세이렌의 말을 들었나 봐. 내게 같이 하피를 공격하자는 눈짓을 했어.

나와 사고는 하피의 양 날개를 다시 붙잡았어. 그러자 하피가 날갯짓을 하며 우리를 떼어 내려 애를 썼어. 하지만 나와 사고는 누구야? 절대 그냥 놓을 수는 없지.

그런데 하피가 새소리를 내기 시작했어. 갑자기 수십 마리의 까마귀들이 구슬프게 울면서 나타났지.

“까악, 깍!”

검은 날개를 편 까마귀들이 나와 사고에게 달려들더니 우리 몸을 마구 쪼았어.

"으아아악!"

나와 사고는 마구 비명을 질러 대면서도 절대 하피의 날개를 놓지 않았어. 하피도 고통스러웠는지 발버둥을 쳤어. 그런데 잠시 후, 하피가 날갯짓을 멈췄어.

"너희 같은 꼬마들은 애초에 내 상대가 안 돼! 당장 너희들의 영혼을

잡아먹을 수 있지만, 나는 지금 세이렌을 쫓아가야 하니까 일단 봐주지. 여기서 빨리 도망치는 게 좋을 거야, 응?!"

하피가 이렇게 말하며 하늘로 날아가 버렸어.

나와 사고는 아무런 소득 없이 밖으로 나왔어.

"왜 빈손이야?"

족제비가 달려와 물었어.

"세이렌이 달아났어. 준이랑."

"뭐? 그럼 어떻게 하지? 가만있자, 내가 고르곤 자매를 불러올게."

족제비가 이렇게 말하며 어디론가 쏜살같이 달려갔어.

그리고 잠시 후, 고르곤 자매와 함께 나타났어.

"어떻게 된 거야?"

"세이렌과 싸우는 하피를 막다가 세이렌이 준이를 데리고 도망가는 걸 놓쳤어요."

"뭐 하피와 세이렌이 싸웠다고? 정말이야? 그 둘이 싸울 애들이 아닌데. 보나마나 이유가 있어서 너희 둘을 속인 거겠지."

동생 고르곤이 흥분해서 소리쳤어.

나와 사고는 당황한 표정으로 고르곤 자매를 바라봤어.

"우리도 오면서 알아봤는데 세이렌의 행방을 알 수가 없어. 가이아 할머니께도 여쭤봤지만 흔적조차 찾을 수 없대. 마치 이 세상에 없는 것처럼."

고르곤 자매의 말에 나와 사고는 실망한 표정으로 잠시 그 자리에 서 있었어.

그런데 그때 어떤 소리가 들렸어. 누군가 분노에 차서 마구 소리를 지르는 것 같았지.

"이건 하피의 목소리야!"

동생 고르곤이 소리쳤어.

"가자! 나를 따라와!"

고르곤 자매가 어디론가 뛰어갔어. 나와 사고도 고르곤 자매 뒤를 따라 뛰었어. 숲속에서 시꺼먼 물체가 커다란 바위에 주먹질을 하고 있었어. 바로 하피였어. 하피는 분노에 찬 목소리로 마구 소리까지 질러 댔어.

"이 거짓말쟁이! 나를 속이고도 무사할 것 같아? 백 년 우정을 이렇게 단칼에 자르다니 절대 용서할 수 없어!"

"하피! 오랜만이다!"

고르곤 자매가 하피를 불렀어.

그러자 하피가 굉장히 놀란 얼굴로 우리를 번갈아 쳐다보았지.

"하피, 너 지금 세이렌한테 하는 말 맞지?"

동생 고르곤이 묻자 하피는 대답하지 않았어.

언니 고르곤이 다시 물었어.

“하피! 곤란한 일이 있는 것 같은데 우리한테 말해! 우리 할머니가 누군지 몰라? 가이아 여신이야! 하피, 너 세이렌이랑 둘이서 뭔가 작당 모의한 일이 있는 거 맞지? 그런데 세이렌이 널 배신했고.”

언니 고르곤의 말에 하피가 입을 열었어.

“나도 궁금한 게 있는데 너희 고르곤들과 저 꼬마 애들은 어떤 사이야? 왜 같이 다니지?”

“우리와 이 꼬마들은 친구야, 친구! 누나, 동생하는 사이라고 할까?”

"쳇, 인간 꼬마들이랑 누나 동생을 한다고? 그게 말이 돼?"

하피가 묻자 언니 고르곤이 대답했어.

"우린 이 아이들을 도와주고 있어."

"웃기시네! 말로만 돕고 구경만 하고 있던 거 아냐? 애들만 성에 들여보내 놓고 너흰 뭐 하고 있었는데?"

하피가 말했어.

"그건, 우리는 인간들 일에 끼어들면 안 되잖아. 그래서 애들이 직접 사건을 해결할 기회를 준 거야. 우리는 뒤에서 애들이 가려고 하는 곳에 좀 쉽게 갈 수 있게 데려다주는 역할만 했어."

고르곤의 말에 하피가 코웃음을 쳤어.

"쳇! 핑계는! 엄밀히 말하자면 인간들의 일만은 아니지! 세이렌이 어떻게 인간이야? 인간과 요괴 사이에 벌어진 일이잖아!"

하피의 대답에 고르곤 자매가 눈을 반짝였어.

"그러네! 세이렌이 이 일에 연관되어 있으니까 우리가 끼어들어도 되는 문제였어."

동생 고르곤이 언니 고르곤을 쳐다보며 말했어.

고르곤 자매는 잠시 눈빛을 교환하더니 고개를 끄덕였어.

"하피, 이제 다 털어놔 봐!"

"내가 왜?"

“우리가 왜 이 일에 끼어든지 아니? 바로 가이아 할머니의 요청이 있었기 때문이야. 네가 방해한 걸 가이아 할머니가 알면 어떻게 될까? 무사할 거 같아? 올림포스 신들 중에 가이아 할머니의 말을 거역할 수 있는 신이 있을까? 너를 혼내려고 들면 아마…….”

언니 고르곤의 말이 채 끝나기도 전에 동생 고르곤이 말했어.

“하피, 이렇게 된 이상 다 털어놔! 이번 일이 알려지면 하피 네 꼴이 뭐가 되겠니? 세이렌한테 당했다고 다들 너를 우습게 여길 걸.”

동생 고르곤의 말에 하피의 눈빛이 마구 흔들렸어.

“난 아무것도 몰랐어. 그냥 갑자기 세이렌이 연락을 해 와서는 나한테 제안을 했어. 꼬마 애, 이름이 준이랬나? 걔를 겁만 집어먹게 해 달라고. 그러면 자기가 꼬마가 가진 물건을 손에 넣은 뒤 꼬마를 내게 넘긴다고 했지. 그런데 갑자기 저 아이들이 성에 나타난 거야. 그래서 작전을 바꿨어. 둘이 싸우는 척하면서 저 아이들을 따돌리자고. 세이렌은 준이에게서 황금 공을 빼앗은 뒤 준이를 내게 넘기기로 했어. 그런데 이 거짓말쟁이가 준이까지 데리고 가 버린 거야.”

“넌 황금 공이 뭔지 알고나 세이렌을 도운 거야?”

“그게 뭔데?”

“신의 보물!”

“뭐? 황금 공이 신의 보물이었어? 진짜로 세이렌이 신의 보물을 훔쳤

단 말이야? 맙소사! 난 농담으로 하는 소리인 줄 알았는데."

"그 말은 하피 너도 세이렌이 신의 보물을 훔치려고 하는 걸 알고 있었다는 말이야?"

"아니, 그게 그러니까 오디세우스 때문에 세이렌의 가족들이 한꺼번에 목숨을 잃은 사건은 너희 고르곤도 알고 있지? 그 뒤 세이렌이 얼마나 힘들어했는지 몰라. 세이렌이 그러더라고. 신의 보물을 찾아서 가족들을 구하고 싶다고 말이야. 하지만 진짜로 실행에 옮길 줄은 몰랐어."

"그런 일이 있었던 거로군! 하피, 지금 세이렌은 어디에 있어?"

"말할 수 없어!"

"그럼 하피 너도 신의 보물을 훔친 공범이 될 텐데 괜찮겠어?"

"내가 왜 공범이야? 난 아무것도 몰랐다고!"

"그건 네 변명이고! 세이렌이 황금 공을 빼돌릴 수 있게 협조한 건 사실이잖아. 세이렌이 어디로 갔는지 알려 주면 가이아 할머니께 네 이야기는 안 할게."

고르곤의 말에 하피가 잠시 고민을 하는 것 같았어. 하지만 곧 입을 열었어.

"대신 내가 알려 줬다고 해서는 절대 안 돼!"

"알았어. 걱정 마! 입 꾹 다물게. 어서 말해 봐."

동생 고르곤이 재촉을 했어.

"세이렌은 지하 세계로 갔어."

"지하 세계? 하데스의 지하 세계로 갔다는 말이야?"

"응! 신들의 보물로 하데스와 단판 지을 일이 있다고 했어."

하피의 말에 고르곤 자매가 차가운 표정을 지었어.

"흥! 그래서 아무도 세이렌의 흔적을 찾을 수 없었던 거로군! 언니, 이번에는 우리가 직접 나서자!"

동생 고르곤이 눈살을 찌푸렸어.

"그래! 그러는 게 좋겠어!"

고르곤 자매가 우리를 동시에 쳐다보았어.

"너희도 다 들었지? 자, 준이를 찾으러 가자!"

우리는 하피와 헤어져 다시 숲길로 들어섰어.

숲을 빠져나오자마자 내가 점잖게 말했어.

"궁금한 게 있는데요. 지하 세계라면 케르베로스가 지키고 있는 지옥 맞죠? 살아 있는 사람은 아무도 못 들어갔다고 하던데."

내 말에 사고가 아는 척 끼어들었어.

"아무도 못 들어가지는 않았어. 헤라클레스가 들어갔잖아. 케르베로스를 한방에 제압하고서 말이야."

동생 고르곤이 심술궂은 미소를 지어 보였어.

"케르베로스에게 잡아먹힐까 봐 걱정되는구나!"

"……"

나와 사고는 할 말을 잊은 채 겁에 질린 표정을 지었어.

"그래서 말인데, 케르베로스에게 먹이를 줘서 정신이 팔리게 하는 방법은 어떨까요?"

사고가 제안을 했지.

그리스 신 이야기

저승 세계를 다스리는 하데스

하데스(Hades)는 그리스 신화에 나오는 죽음과 지하 세계를 다스리는 신으로 지하에 묻혀 있는 수많은 금속과 보석의 주인이라고 여겨졌어요. 티탄족의 왕 크로노스와 레아 사이에서 태어났으며, 신들의 왕 제우스, 바다의 신 포세이돈 등과 형제예요.
크로노스는 어느 날 아들에 의해 쫓겨난다는 불길한 예언을 들었어요. 이 운명을 피하기 위해 크로노스는 아내인 레아에게서 자식들이 태어나는 족족 삼켜 버렸지요. 그중에 하데스도 있었어요. 자식을 잃을 때마다 고통스러웠던 레아는 한 명이라도 구하고자 막내 제우스를 낳을 때 돌덩이를 강보에 싸서 남편에게 건넸어요. 그리고 진짜 제우스는 아말테이아에게 맡겼어요. 제우스는 나중에 청년이 되자 구토제를 구해 아버지가 삼킨 형제들과 누이들을 토해 내게 했어요. 화로의 신 헤스티아, 대지와 풍요의 신 데메테르, 가정과 결혼의 신 헤라, 하데스, 포세이돈이 그들이었지요. 구출된 그들은 제우스와 힘을 합쳐 크로노스를 포함한 티탄 신들과 전쟁을 벌였어요. 올림포스 신들은 마침내 승리하여 티탄 신들을 대지의 가장 깊은 곳에 봉인하였어요.

"그거 좋은 생각인걸! 하지만 들어갈 때는 그렇게 한다고 쳐도 나올 때는 또 어떻게 하지?"

고르곤의 말에 내가 말했어.

"우리가 나올 때까지 케르베로스를 한눈 팔게 할 방법이 없을까요?"

"우리가 준이를 찾아 나오려면 시간이 꽤 걸릴 텐데 무슨 수로 그때까지 한눈을 팔게 해? 아예 잠을 재워 버리면 몰라도."

사고가 입을 삐죽이며 고개를 가로젓자, 동생 고르곤이 좋은 생각이라도 난 듯 깔깔대며 소리쳤어.

"오! 그럼 그렇게 하자! 케르베로스가 좋아하는 먹이에 잠자는 약을 넣는 거야. 그럼 우리가 나올 때까지 쿨쿨 잠만 잘 걸."

"그래! 아주 좋은 생각이야! 먹을 것과 함께 잠자는 약을 구해서 가자."

언니 고르곤이 찬성을 했어.

그렇게 우리는 케르베로스에게 줄 먹이를 구한 뒤 지하 세계를 향해 떠났어.

그리스 한눈에 알아보기

올림포스의 12신

그리스 신화에 나오는 열두 명의 신으로, 올림포스산 꼭대기에 사는 신들이에요. 제우스, 헤라, 포세이돈, 데메테르, 아테나, 아레스, 아폴론, 아르테미스, 아프로디테, 헤르메스, 헤파이스토스, 디오니소스라고 알려져 있으며, 제우스와 혈연관계를 맺고 있어요.

제우스

올림포스 최고의 신으로 번개와 아이기스라는 방패를 무기로 사용해요. 수많은 여신과 요정, 인간을 유혹하여 많은 자식들을 낳았지요.

헤라

올림포스 최고의 여신으로 제우스의 아내예요. 결혼과 출산을 다루는 가정생활의 수호신이예요.

포세이돈

바다와 물의 신으로 성격이 급해서 난폭한 신으로 알려져 있어요.

데메테르

대지의 여신으로 곡물이 자라는 것을 주관하는 여신이에요.

아테나

지혜의 여신이자 전쟁과 평화의 여신으로 제우스의 머리에서 태어났어요.

7장

지하 세계로 간 사고와 뭉치

최후의 대결

반나절 정도를 걸어가자, 사막이 나타났어.

"이 사막을 지나는 동안 뒤에서 이상한 소리가 들려도 절대 뒤를 돌아봐선 안 돼! 꼭 앞만 보고 가야 해!"

언니 고르곤이 우리에게 신신당부를 했어.

"왜요?"

"여기부터 지하 세계 입구야. 살아 있는 인간들은 원래 여기를 지나가지 못해. 주변에 있는 악령들이 인간 냄새를 맡으면 너희를 가만두지 않을 거야."

"뒤를 돌아보면 어떻게 되는데요?"

"지하 낭떠러지로 떨어져. 그러면 우리도 너희를 도울 수가 없어."

사고가 잔뜩 겁먹은 얼굴로 나를 쳐다봤어.

"오빠, 악령들이 우리를 부르는 소리를 안 듣게 귀마개라도 할까?"

"소용없어! 악령들의 소리는 환청이야! 진짜 소리가 아니라고."

"우리 넷이 나란히 걷자. 우리 자매의 냄새 때문에 너희 냄새가 묻혀질 수도 있어."

눈부시게 하얀 태양 아래 끝없이 넓은 사막이 펼쳐졌어. 우리는 땀을 삐질삐질 흘리며 손을 잡고 나란히 사막 위를 걸었지.

"아, 배고파. 누가 먹을 걸 좀 주었으면."

"애들아, 여기 물이 있어. 나를 보겠니?"

이런저런 악령들의 소리가 계속 들렸지만, 사고와 나는 귀를 틀어막으며 앞만 보고 걸었어.

얼마나 걸었을까? 사방에서 썩은 냄새가 진동을 했어.

나와 사고가 코를 막으며 얼굴을 찡그렸지.

"여기는 지하 세계의 입구야. 여기를 지나가면 뼈다귀들이 쌓여 있는 악마의 소굴이 나올 거야. 그 밑에 하피가 말한 지하 동굴이 있어."

언니 고르곤의말에 나와 사고는 침을 꼴깍 삼켰어. 진짜 무시무시한 느낌이 들었거든. 한 시간 쯤 걸었을 때 지하 동굴의 문이 나타났어. 우리 예상대로 케르베로스가 지옥의 문을 지키고 있었지.

우리가 다가가자 케르베로스가 킁킁거리며 냄새를 맡기 시작했어.

동생 고르곤이 우리에게 숨어 있으라는 시늉을 했지.

나와 사고가 벽 한쪽에 웅크리고 있는 동안 고르곤 자매가 케르베로스에게 다가갔어.

"안녕, 케르베로스!"

"어디서 사람 냄새가 나지? 킁킁!"

"그 냄새 아마 우리가 묻혀 왔을 걸."

고르곤의 말에 그제야 케르베로스가 고개를 들었어.

"너희들이 여긴 어쩐 일이야?"

"쉿! 페르세포네가 인간 세상의 밀전병과 양고기로 만든 수블라키가 먹고 싶대서 몰래 가져오는 길이야. 너도 한번 먹어 봐!"

수블라키: 그리스의 유명 음식. 꼬챙이에 여러 조각의 고기와 채소를 꽂아 구워 먹는 바베큐 요리의 하나이다.

케르베로스는 고르곤이 던져 주는 수블라키를 아주 맛있게 먹었어. 그리고 바로 잠에 곯아떨어졌지.

"얘들아, 가자!"

고르곤 자매가 우리를 불렀어.

우리는 살금살금 케르베로스 곁을 지나 지하 세계 안으로 들어섰어. 구불구불한 복도를 지나자 어디선가 똥 냄새와 계란 냄새가 섞인 듯한 지독한 냄새가 풍겨왔어.

"잠깐!"

앞서 걷던 언니 고르곤이 걸음을 멈췄어.

"왜 그래?"

"이 냄새 말이야 뭔가 이상해. 어디서 맡아본 적 있는 거 같아."

언니 고르곤이 잠시 눈을 감았어. 그러고는 뭔가 떠오른 듯 소리쳤어.

"그래! 바실리스크한테서 나는 냄새야!"

동생 고르곤이 얼굴이 새하얘져서 언니 고르곤을 쳐다보았어.

그리스 신 이야기

하데스에게 납치된 페르세포네(Persephone)

페르세포네는 그리스 신화에 나오는 저승과 꽃·식물의 여신으로 제우스와 데메테르의 딸이에요. 어느 날 하데스가 지하 세계에서 나왔는데, 사랑의 신 에로스가 쏜 화살을 맞고는 마침 들판에서 꽃을 따던 페르세포네에게 한눈에 반했어요. 하데스는 페르세포네를 지하 세계로 데려가서 아내로 삼았지요. 이 사실을 듣게 된 데메테르는 제우스에게 딸을 돌려보내 달라고 청했어요. 제우스의 명을 받고 찾아온 헤르메스가 하데스에게 페르세포네를 돌려달라고 하자, 하데스는 페르세포네를 지상에 올려보내기 전에 석류 씨 몇 알을 먹였어요. 그 결과 페르세포네는 지하 세계의 음식을 먹은 대가로서 한 해의 1/3은 지하 세계의 여왕으로, 2/3는 지상에서 데메테르와 지내게 되었다고 해요.

“바실리스크라고 바라만 봐도 사람들을 죽이는 괴물인데.”

사고가 얼굴이 창백해져 나를 바라보았어.

“눈을 똑바로 바라보지 않으면 돌이 되지 않아.”

동생 고르곤이 대꾸했어.

바로 그때였어. 기분 나쁜 소리가 들리는가 싶더니 바로 앞에 거대한 뱀이 나타났어.

“쉭, 쉭!”

순간, 고르곤 자매의 머리에 있던 실뱀들이 바실리스크를 피하기라도 하는 것처럼 모두들 고개를 숙여 버렸어.

바실리스크가 미끄러지듯 다가왔어. 바실리스크가 가까이 올수록 토할 것 같은 역겨운 냄새가 났지.

“애들아, 눈을 감아! 절대 바실리스크를 쳐다보지 마!”

고르곤이 소리쳤어.

그 사이 고르곤 자매에게 바실리스크가 달려들었어. 고르곤 자매는 바실리스크를 피해 공격을 했어. 한동안 치고받는 소리가 들려왔지.

그런데 곧 ‘퍽!’ 하는 소리와 함께 폭발 소리 같은 것이 들렸고, 곧 고르곤 자매의 비명이 들렸어. 나는 셋의 결투가 어떻게 되어 가는지 너무 궁금했지만, 눈을 감은 채 귀만 기울였어. 곧이어 뭔가 둔탁한 것이 떨어지는 소리와 누군가 발버둥치는 소리가 동시에 들렸어.

도대체 무슨 일이 벌어지는 걸까? 나는 궁금해서 견딜 수가 없었어. 그래서 양손으로 눈을 가리고 손가락 사이를 약간 벌린 채 살짝 실눈을 떠서 상황을 지켜봤어.

그랬더니 이건 또 뭐람? 언니 고르곤이 쓰러져 있고, 세이렌과 바실리스크가 동생 고르곤을 양쪽에서 공격하고 있었어.

"바실리스크! 공격해! 어서!"

세이렌이 바실리스크에게 소리쳤어.

바실리스크가 미끄러지듯 동생 고르곤에게 다가가더니 눈 깜짝할 사이에 꼬리로 동생 고르곤을 쳐 버렸어.

"우린 죽지 않아!"

동생 고르곤이 쓰러지며 중얼거렸지.

"바실리스크, 고르곤들을 먹어 버려! 다시 살아나기 전에 한입에 삼켜 버리라고!"

바실리스크가 고개를 끄덕이며 고르곤 자매에게 미끄러지듯 다가갔어. 그리고 입을 크게 벌렸지.

"아, 안 돼."

사고의 목소리가 들렸어. 사고도 실눈을 뜬 채 이 상황을 보고 있었던 거 같아. 고르곤 자매를 삼키려는 바실리스크의 모습에 머리에서 발끝까지 부들부들 떨려 왔어. 하지만 나와 사고는 아무런 힘이 없었어.

그때였어. 내 뒤에서 시꺼먼 것이 휙 지나가더니 바실리스크에게 달려들었어. 그리고 미친 듯이 물어뜯는 것 같았지. 바실리스크가 발버둥을 치면서 신음 소리를 내더니 곧 바닥으로 고꾸라졌어.

바실리스크를 공격한 건 도대체 누구일까? 나는 바실리스크의 움직임이 없는 걸 느끼고 눈을 번쩍 떴어.

그런데 쓰러진 바실리스크의 어깨에 족제비가 앉아 있었어. 날카로운

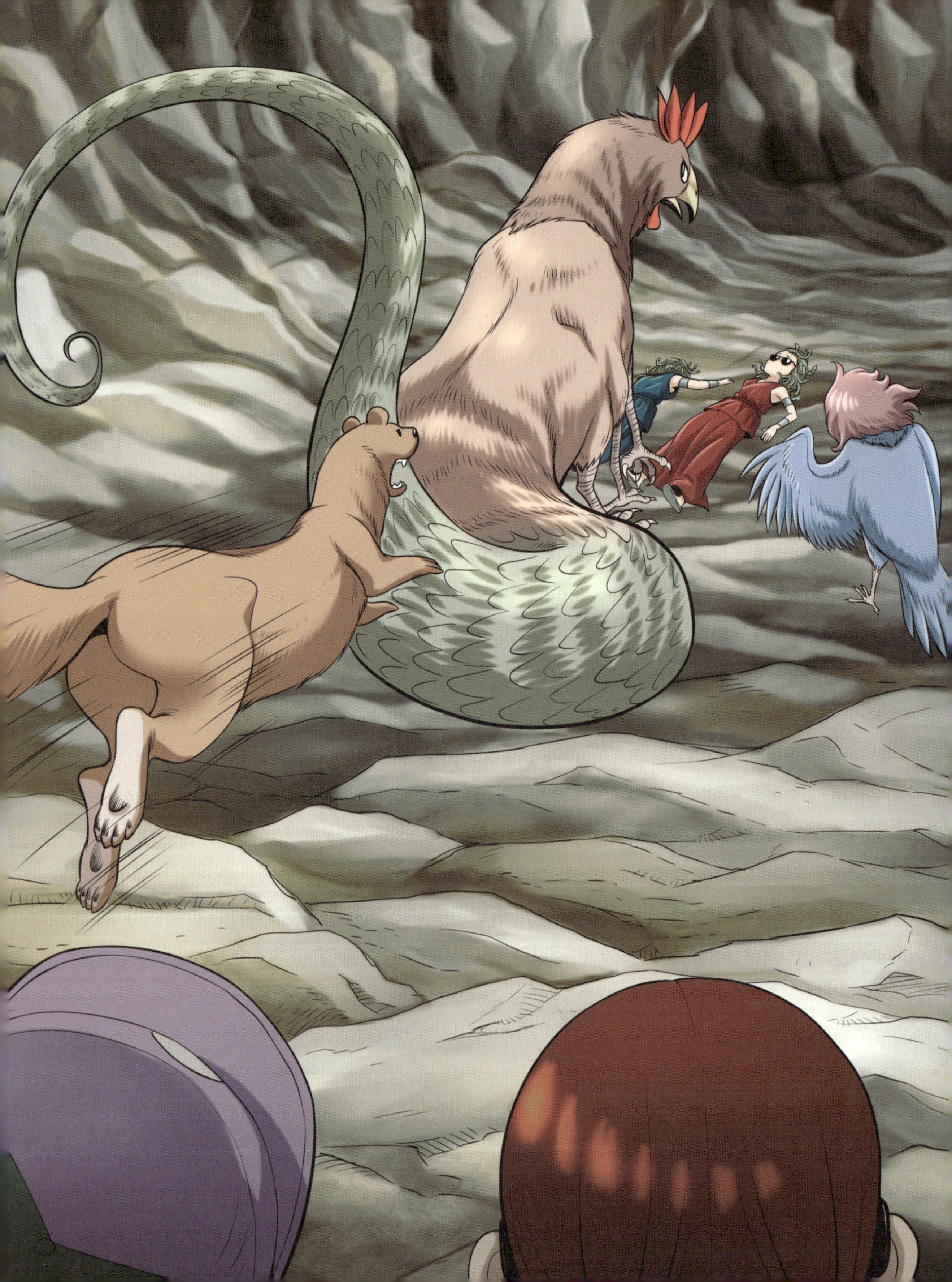

송곳니를 드러내고 의기양양하게 세이렌을 노려보고 있었지.

세이렌이 살금살금 뒷걸음질을 쳤어. 때마침 고르곤 자매가 정신을 차리고 일어났어.

“정말 끈질기군!”

세이렌이 이렇게 말하며 도망을 가자, 고르곤 자매가 쫓아갔어.

우리도 그 뒤를 쫓았지만 어느새 세이렌과 고르곤 자매가 보이지 않았어. 잠시 뒤 복도 끝에서 치고받는 소리와 함께 신음 소리가 들렸어.

나와 사고는 재빨리 그 방으로 달려갔지. 세이렌이 쓰러져 있는 게 보였어. 고르곤 자매가 합동으로 세이렌을 처치한 거였어.

그때 언니 고르곤이 방 구석에서 울고 있는 준이를 안아 들었어. 동생 고르곤이 선한 표정으로 준이를 내려다보았지.

“준이야, 준이 너 괜찮니?”

“형, 누나, 난 괜찮아!”

“저한테 주세요.”

사고가 준이를 받아서 안아 들자, 준이가 울음을 멈추었어.

“누나! 배고파!”

준이가 칭얼대자, 동생 고르곤이 재빨리 주머니에서 그리스식 파이를 꺼내 준이에게 주었어. 먹을 것을 본 준이가 손에 들고 있던 황금 공을 던져 버리고 파이를 두 손으로 받아먹었어.

동생 고르곤이 바닥에 떨어진 황금 공을 재빨리 집어 들었어.

"언니, 신의 보물이야! 신의 보물이 내 손에 들어왔어."

동생 고르곤이 감격스런 목소리로 중얼거렸어.

"얘들아, 시간이 너무 지체됐다. 케르베로스가 깨어나기 전에 어서 이 곳을 빠져나가자!"

언니 고르곤이 다급한 표정으로 말했어. 우리는 재빨리 지하 방을 빠져나왔어.

다행히 케르베로스는 그때까지 쿨쿨 잠에 빠져 있었지. 덕분에 우리는 무사히 지하 세계를 빠져나왔어.

"언니, 이제 내 동생 메두사를 살릴 수 있는 거야?"

"그래! 신의 보물이 우리 손에 있잖아. 이제 우리 세 자매는 영원히 같이 지낼 수 있어."

고르곤 자매가 환한 얼굴로 이야기를 나누었어.

우리는 곧장 올림포스에 있는 가이아의 신전으로 갔어. 고르곤 자매가 가이아에게 신의 보물을 바쳤지. 가이아는 크게 기뻐하며 고르곤 자매의 소원대로 메두사를 살려 주었어.

"너희들 소원도 들어주마! 무엇을 원하니?"

가이아가 우리에게 물었어.

사고와 내가 동시에 서로를 바라봤어. 그리고 동시에 이렇게 말했지.

"집으로 돌아가고 싶어요!"

"좋아! 집으로 보내 주마!"

가이아는 우리를 시간의 문이 열리는 장소로 데려갔어. 그곳은 사방이 탁 트인 그리스의 해변이었지. 깜깜한 밤이었는데 땅과 하늘에서 신비한 빛이 쏟아지고 있었어.

"에로스! 가이아가 왔어요! 시간의 문을 열어 주세요!"

가이아가 하늘을 향해 소리쳤어. 그러자 백사장에서 파란빛이 스멀스멀 피어오르기 시작했어. 그리고 그 파란빛이 소용돌이치며 빙글빙글 돌기 시작하더니 시간의 문이 열렸어.

"잘 가렴. 신의 보물을 찾아 줘서 정말 고맙다!"

가이아와 고르곤 자매가 우리에게 작별 인사를 했어.

다시 시간의 문 속으로

우리는 준이와 함께 시간의 문 속으로 풀쩍 뛰어들었어. 파란빛이 나와 사고, 준이를 감쌌어.

빛이 어찌나 밝던지 나도 모르게 눈을 감았지. 그리고 그대로 정신을 잃고 말았던 거 같아.

그렇게 얼마나 지났을까? 내가 정신을 차렸을 때 이모가 고개를 갸웃거리며 나를 내려다보고 있었어.

"미안! 너희를 너무 오래 기다리게 했구나! 배고프지?"

나는 벌떡 일어나 주변을 둘러보았어. 박물관 안이었어. 무사히 고대 그리스를 탈출해서 현재 세계로 왔나 봐!

그때 사고와 준이가 동시에 눈을 비비며 일어났어. 이모 차를 타고 집으로 가는 길에 준이가 내 귀에 속삭였어.

"형! 나, 아까 이상한 꿈꿨다! 꿈속에서 온갖 요괴들을 다 만나고 고생도 엄청 했다니깐!"

나는 씨익 웃고는 아무 말도 하지 않았어. 어쩐지 말을 하면 사고에게 또 놀림을 당할 것 같았거든. 준이가 기억하지 못하는 게 천만다행이다 싶었지.

집 앞에 도착한 우리는 서둘러 차에서 내렸어. 막 현관으로 들어서려는데, 이모가 다급한 목소리로 나를 불렀어.

"뭉치야! 이 나무목걸이 준이가 너희 집에서 가져온 거 같은데 가져가라!"

나는 아무 생각 없이 나무 목걸이를 받아 주머니에 집어넣었어.

'너무 힘든 하루였어.'

집에 도착한 나는 어찌나 피곤하던지 그대로 곯아떨어지고 말았지.

기분 나쁜 징조들

한 주가 지나면서 나는 매일 악몽을 꾸었어. 꿈에 온갖 요괴들이 나를 찾아왔거든.

"그건 너랑 어울리지 않아! 어서 내놔!"

요괴들은 내게 이렇게 말했어. 요괴들이 찾는 물건이 무엇인지 몰랐던 나는 밤새 요괴들을 피해 도망가느라 힘들었지.

그러던 어느 날이었어. 그날은 너무 졸려서 초저녁부터 잠이 들었는데, 심술궂게 생긴 도깨비가 나를 찾아왔어.

"네가 케르베로스의 목걸이를 갖고 있다며? 그거 내놔!"

도깨비가 다짜고짜 이렇게 말했어.

"난 그런 거 안 가지고 있거든!"

"그러지 말고 나한테 줘! 어차피 넌 가지고 있어 봐야 소용없잖아! 그게 있어야 지하 세계를 맘대로 왔다 갔다 할 수 있단 말이야."

온갖 무서운 요괴를 다 만나 본 내게 도깨비가 무서울 리가 없었지. 게다가 이번 도깨비는 작은 꼬마였어.

"그런 거 없거든! 앞으로 또 내 꿈에 나타나면 가만 안 둘 거야!"

"좋은 말로 하려 했더니 안 되겠네? 어디 혼 좀 나 봐라!"

도깨비가 이렇게 말하더니 자기 몸집보다 훨씬 큰 도깨비방망이를 들고 마구 부수기 시작했어. 나는 걸음아 나 살려라 하고 도망을 쳤지. 하지만 도깨비는 계속해서 나를 따라왔어. 그리고 나를 향해 도깨비방망이를 던졌지.

도깨비방망이가 온몸에 뾰족뾰족한 못이 박힌 괴물로 변하더니 나를 향해 달려들었어. 괴물에게 잡히면 내 몸이 갈기갈기 찢어질 것만 같았지.

"사람 살려!"

주차금지
주차금지

나는 목청껏 소리를 질렀어. 그리고 발버둥을 치다 잠에서 깨어났어.

다행히 꿈이었어. 잠에서 깬 나는 불을 켜고 책상에 앉았지.

'난 나무 목걸이 같은 거 본 적도 없구만 왜들 그러지?'

한숨이 저절로 났어. 다시 잠을 자려고 했지만 잠이 오지 않았지. 그래서 이 생각 저 생각하는데, 퍼뜩 이모가 내게 준 나무 목걸이가 떠올랐어.

'설마!'

나는 옷장 속에 던져 두었던 외투를 꺼냈어. 며칠 전, 그러니까 그리스의 요괴들을 만나고 온 날 입었던 옷이었지.

'설마! 이게 케르베로스의 나무 목걸이?'

아무래도 케르베로스와 있던 준이가 가져온 것 같았어. 그러고 보니 나무 목걸이에서 쾌쾌한 요괴 냄새가 나는 것 같았지. 나는 나무 목걸이를 들고 나가 쓰레기장에 던져 버렸어.

'흐음, 이제 아무 일도 생기지 않겠지?'

나는 안심하고 잠이 들었어. 그리고 아주 오랜만에 잠을 푹 잤지.

그런데 그 뒤 정말 아무 일도 일어나지 않았냐고?

글쎄? 궁금하면 다음 책을 펴 볼래?

그리스 한눈에 알아보기

그리스의 주요 인물

오늘날 철학, 수학, 문학, 의학, 물리학, 천문학, 기하학을 비롯한 대부분의 서양 학문은 아르키메데스와 아리스토텔레스, 히포크라테스, 소크라테스, 플라톤 등 그리스의 여러 학자들에 의해 체계화되었어요.

아리스토텔레스(B.C.384~B.C.322)
아리스토텔레스는 고대 그리스 최고의 철학자이자 시인, 과학자로 알렉산드로스대왕의 스승이자, 플라톤의 제자였어요. 삼단논법 등 아리스토텔레스가 세운 수많은 것들이 여러 학문의 기초를 이루었어요.

소크라테스(B.C.470?~BC399)

소크라테스는 고대 그리스의 대표적인 철학자로 거리의 사람들과 철학적 대화를 나누는 것을 좋아했어요. 하지만 이 방법은 대화하면서 스스로 무지를 깨닫게 해 아테나의 정치가들과 일부 시민들이 그를 싫어하기도 했답니다.

히포크라테스(B.C.460?~B.C.377?)

고대 그리스의 의학자로, 서양 의학의 기초를 마련했어요. 병을 치료하기 위해 신에게 빌거나 주문을 외우는 것보다 음식과 운동을 처방하는 방법을 사용했으며, 환자를 차별하지 않고 돌봤다고 해요. 환자를 대하는 그의 마음은 지금까지 〈히포크라테스의 선서〉에 남아 있답니다.

숨은 그림 찾기 아래 신들이 사는 마을에 숨은 그리스의 문화 유산을 모두 고르세요.

정답

찾아 볼까요?

그리스 역사와 문화에 대해 바르게 말한 친구를 모두 고르세요.

3

근대 올림픽은
고대 그리스에서 4년마다
열리던 올림피아 제전에서
유래되었어.

4

올림포스의 12신 가운데
최고의 신은 바다와 물의 신인
포세이돈이야.

5

영국의 고고학자인 아서 에번스가
기원전 2천년경 발생한
크레타문명을 발굴했지.

정답: 1, 3, 5번

미로 찾기

그리스 민담이나 전설에 나오는 요괴들을 피해서
미로를 탈출하세요.

정답

와글 와글 토론

그리스는 과연 인류 서양 문명의 뿌리를 일군 나라일까?

그리스 문명은 흔히 인류 최초의 고대 문명이며 그리스 신화는 가장 오래된 신화로 유명해요. 그리스 사람들의 자부심 또한 대단하지요. 다음 친구들의 토론을 읽고 여러분은 어떤 생각이 드는지 말해 보세요.

토론 참가자 안토니스 지은

유럽 문명이 고대 그리스의 헬레니즘을 바탕으로 새롭게 꽃피운 것이라는 건 알지? 말하자면 서양 문명의 뿌리는 그리스 문명이라고 할 수 있지. 동양 문화도 영향을 많이 받았을걸!

그리스 고대 문명이 서양 문명의 중심지였던 것은 인정해. 하지만 그리스 문명이 이집트라는 아프리카 국가의 고대 문명에 엄청나게 영향 받았다는 사실도 잊으면 안 돼!

원래 문화라는 게 서로 영향을 주고받는 거 아냐? 그리스 문화도 이집트 문명의 영향을 받을 수 있지. 하지만 어떤 그리스 문명은 누구도 흉내 내지 못할 독창성과 우수성을 지녔어. 그래서 유럽 문명의 뿌리가 된 것이라고.

그건 너희 나라 사람들의 자부심이겠지만, 이집트 사람들에게 물어보면 또 다를걸. 그리스 문명이 이집트 문명의 영향을 많이 받았으니까 진정한 서양 문명의 뿌리는 이집트라고 말을 할 거야.

과연 그럴까? 고대 문명을 잘 보여 주는 신화만 해도 말이야, 그리스 신화는 전 세계에 널리 알려져 있어. 또 그리스의 올리브나 포도주를 이용한 음식도 그렇지. 문명이 발달한 나라일수록 문화뿐만 아니라 음식도 널리 전파된다고.

그건 말야, 예전에 유럽 여러 나라가 다른 나라들을 식민지로 삼으면서 퍼뜨린 영향이 아닐까? 힘이 센 나라의 문화가 널리 퍼진다는 거지. 요즘에 서양 문화의 중심지로 미국을 생각하는 것과 같은 거지. 다른 친구들 생각도 궁금하네.

내 생각에는……

교과연계표

[2학년 2학기 우리나라] 1. 우리나라와 이웃 나라
[2학년 2학기 이웃] 1. 마을과 사람들

[3학년 1학기 사회] 2. 우리가 알아보는 고장 이야기

[4학년 1학기 사회] 1. 지역의 위치와 특성

[6학년 2학기 사회] 4단원. 변화하는 세계 속의 우리
[6학년 2학기 사회] 3단원. 세계 여러 지역의 자연과 문화
[6학년 2학기 사회] 2단원. 이웃 나라의 환경과 생활 모습